Paul Sarazin

Fremde Heimat Deutschland

Paul Sarazin

Fremde Heimat Deutschland

Eine diskursanalytische Studie über die nationale
Identität der deutschstämmingen Spätaussiedler
aus der ehemaligen Sowjetunion

Johannes Herrmann J&J-Verlag
Wettenberg 2005

Bibliographische Information der Deutschen Bibliothek:

Die Deutsche Bibliothek verzeichnet diese Publikation
in der Deutschen Nationalbibliographie;
detaillierte bibliographische Daten sind im Internet über
<http://dnb.ddb.de> abrufbar.

ISBN 3-937983-05-8

© 2005   Johannes Herrmann J&J-Verlag
         Lilienweg 9
         35435 Wettenberg

         http://www.jhjj.de
         mail@jhjj.de

Inhaltsverzeichnis

1 Vorwort..5
2 Einführung...7
3 Die Vorbereitungen der Interviews und die Auswahl der Befragten...11
4 Die Interviews.. 20
    4.1   Die Umwelt der Interviews..................................... 20
    4.2   Die Verhältnisse der Befragten zueinander............21
    4.3   Die Fragen.. 23
5 Die theoretische Basis der Arbeit...................................... 27
6 Eine kleine Geschichte der Deutschen aus der ehemaligen Sowjetunion... 32
7 Interpretation der Geschichte: Die Zeit in der Sowjetunion... 41
    7.1   Schwierige Zeiten in der Sowjetunion................... 41
    7.2   »Die Faschisten«.. 46
    7.3   Sie haben die Zeit in der Sowjetunion aber auch genossen. 50
    7.4   Keine Geschichte der Russlanddeutschen 50

8	Interpretation der Geschichte: Die Zeit in Deutschland	53
8.1	Deutschland – Der Staat	53
8.2	Ausbildung: Ein Schritt auf dem Weg zu Integration und Akzeptanz in Deutschland?	57
8.3	Demokratie in Deutschland	61
8.4	Die soziale Marktwirtschaft	64
8.5	Agenda 2010	67
8.6	BW1	70
9	Die »Wir«-Gruppe	73
9.1	Die Bedeutung und Relevanz einer gemeinsamen »Wir«-Gruppe	73
9.2	Nur die Russlanddeutschen gemeint	76
9.3	Die Deutschlanddeutschen gemeint	81
9.4	Alle Deutschen gemeint	83
9.5	Eine gemischte Bedeutung	86
10	»Wie schön es ist, Deutsch zu sein!« Die Relevanz einer »gemeinsamen« Kultur und Geschichte	88
10.1	Identifikation mit der deutschen Kultur	88
10.2	Stolz auf »Deutsch Sein«	91
10.3	Wie sehen sie andere Menschen?	104
10.4	Wie sehen sie sich selbst?	106
11	Schluss	109
12	Literatur	119
13	Anhang	125
14	Stichwortverzeichnis	128

1   Vorwort des Verlegers

Die Situation vieler Aussiedler aus der ehemaligen Sowjetunion in Deutschland ist paradox: Per Gesetz und Selbstverständnis sind sie eindeutig Deutsche. Auch in ihrem Herkunftsland galten viele von ihnen als Deutsche, die gerade auch durch ihre besondere Kultur auffielen und sich von den anderen Völkern der ehemaligen Sowjetunion unterschieden – in Deutschland dagegen werden sie heute oft als Fremdkörper wahrgenommen und als »Russen« bezeichnet.

Viele Aussiedler waren, als sie nach Deutschland kamen, überrascht von der sozialen Wirklichkeit ihrer neuen »Heimat«, die nicht in allen Punkten ihrer Erwartung entsprach. Ihre Situation heute ist, geprägt durch die besondere Geschichte der Russlanddeutschen, einzigartig und spannend: Wie arrangieren sich die Aussiedler mit ihren Erwartungen, ihrer speziellen Kultur und Geschichte, in ihrem neuen sozialen Umfeld? Wie verstehen sie die »deutsche Nation« und wie verorten sie sich selbst darin?

Das vorliegende Werk lässt einerseits eine Gruppe der Aussiedler ausführlich zu Wort kommen. Andererseits versucht der Autor gerade nicht, die Einwanderer aus der ehemaligen Sowjetunion aus der Perspektive eines »Deutschlanddeutschen« heraus zu verstehen, sondern er nimmt als britischer Staatsbürger die Sichtweise eines externen Beobachters ein. Dies macht den besonderen Reiz des Buches aus: Den interviewten Aussiedlern wird viel Raum gelassen. Ihre Aussagen werden detailliert wiedergegeben und der Autor versucht, ihre Einstellungen und Gefühle von außen zu verstehen und zu erklären. Dabei versucht der Autor nicht, quasi-wertneutral zu scheinen, sondern er versteht Sozialforschung als notwendigerweise wertgeleitet und bezieht an geeigneter Stelle deutlich Position.

Den »Deutschlanddeutschen« kann das Buch helfen, so die Hoffnung des Verlegers, wichtige Facetten des heutigen Deutschlands durch die doppelte Sicht von außen besser zu verstehen. Aus diesem Grund wurden auch einige sprachliche Besonderheiten sowohl der interviewten Aussiedler als auch des Autors beibehalten.

Wettenberg im Herbst 2005, JH

2 Einführung

Die Geschichte der Russlanddeutschen erstreckt sich über mehr als 200 Jahre. Im Jahre 1763 reisten die ersten deutschen Kolonisten aus dem Gebiet des Heiligen Römischen Reiches Deutscher Nation und dessen Herzogtümern nach Russland. Sie lebten damals an verschiedenen Orten der Region, die wir heute die ehemalige Sowjetunion nennen. Schwierige politische Ereignisse sind prägende Merkmale ihrer Geschichte und innerhalb der letzten 242 Jahre hat sich ihr politischer Status mehrmals verändert, bis viele der Nachkommen dieser Kolonisten ab 1988[1] nach Deutschland aussiedelten[2]. Heute wohnen ca. 2 Millionen Russlanddeutsche und viele deren Verwandter in Deutschland.

Oftmals führte die Aussiedlung zur Trennung von Familien, wobei auch der Integrationsprozess in Deutschland nicht einfach ist. Wir begegnen Familien, in denen Russen und Deutsche zusammen leben. Manche, sogar die, die perfekt

---

1 Einige deutschstämmige Menschen sind schon früher in die Bundesrepublik gekommen, aber die Mehrheit nach 1988.

2 Aussiedler und Übersiedler sind zwei unterscheidbare Gruppen. Aussiedler sind die deutschstämmigen Menschen, die aus anderen Staaten als der Deutschen Demokratischen Republik in die Bundesrepublik Deutschland kamen und kommen. Übersiedler sind die (deutschen) Menschen, die aus der Deutschen Demokratischen Republik in die Bundesrepublik Deutschland kamen.

Deutsch können, werden von Deutschen in Deutschland beschimpft und »Russen« genannt, was auf der Seite dieser »Deutschlanddeutschen« auf Ignoranz und auf mangelnde Kenntnisse der Geschichte hinweist. Dazu kommt die Tatsache, dass die Traditionen der deutschen Kultur und ihr Alltagsleben, die diese Deutschen aus der ehemaligen Sowjetunion kannten und bewahrten, in Deutschland als altmodisch angesehen werden. Die kulturelle Entwicklung der deutschen Gebiete in der Sowjetunion war unterschiedlich zu der Entwicklung deutscher Kultur in Deutschland und einige der Traditionen von vor 242 Jahren aus Deutschland sind sehr ähnlich geblieben.

Diese Arbeit ist eine diskursanalytische Untersuchung von Meinungen einiger Russlanddeutscher zur Frage der deutschen nationalen Identität.

Wir beginnen im Abschnitt 2 mit einer Diskussion der Struktur der Interviews und der Befragten sowie der Interviewführung und warum sie so ausgeführt wurden. Eine detaillierte Diskussion über die Auswahl der Befragten folgt, die auf eine demografisch homogene Gruppe von Russlanddeutschen zielt und die die Situation der Russlanddeutschen in Deutschland und in der Sowjetunion, einschließlich deren Kenntnisse von der deutschen Sprache und deren Herkunft, berücksichtigt. Dies ist sehr wichtig, damit die Ergebnisse der Interviews verwendbar sind und auch damit die Befragten sich untereinander wohl fühlen. Abschnitt 3.1 behandelt die Umwelt der Interviews, d.h. wo die Interviews ausgeführt wurden. Abschnitt 3.2 enthält etwas mehr Informationen über die Verhältnisse der Befragten zueinander und wie die Befragten in den Transkriptionen bezeichnet werden. Abschnitt 3.3 beschreibt die Fragestellung und erklärt, warum sie so formuliert wurde.

Abschnitt 4 bildet die theoretische Basis der Arbeit und erklärt grundsätzlich, wie eine »nationale Identität« diskursiv gebildet wird. Welche Einflüsse müssen in Betracht gezogen werden, wenn man der Frage nach einer diskursiven Konstruktion einer Nationalität nachgehen will? Das heißt im Prinzip, wie Akteure, z.b. die Medien, Politiker und der Staat, unser Verständnis von nationaler Identität prägen und wie Personen den Diskurs dieser Institutionen in ihrem eigenen Diskurs widerspiegeln. Hier wird also auch die Frage gestellt, inwieweit nationale Identitäten wirklich existieren und inwieweit sie eigentlich nur imaginiert sind. Der Prozess, in dem Menschen den Diskurs der oben genannten Akteure wiederherstellen, wird analysiert. Dabei greift diese Arbeit vor allem auf die Ausführungen von Ruth Wodak et al. (1998) zurück.

Es wird davon ausgegangen, dass ein Verständnis der Identitätsmerkmale dieser Russlanddeutschen erst möglich ist, wenn wir verstehen und wissen, wie sich die Russlanddeutschen als Deutsche in der ehemaligen Sowjetunion fühlten und wie sie sich der Sowjetunion gegenüber fühlten. Deshalb umreißt Abschnitt 5 kurz die Geschichte der Russlanddeutschen, bevor es in Abschnitt 6 um ihre Interpretation der Zeit in der Sowjetunion geht. Hierbei schauen wir uns ihre Beschreibungen oft schwieriger Zeiten in der Sowjetunion und ihre Reaktionen darauf an. Ein Merkmal ihrer Zeit dort war, dass viele als »Faschisten« beschimpft wurden, obwohl die verschiedenen Länder der Sowjetunion der Ort sind, an dem sie geboren wurden und aufgewachsen waren. Neben solchen Erinnerungen sind es auch positive Erzählungen, die berichtet und analysiert werden.

Kapitel 7 beschäftigt sich mit der Interpretation der Russlanddeutschen von ihrer Zeit in Deutschland und behandelt ihre Meinungen zu Staat, Ausbildung, Demokratie und der sozialen Marktwirtschaft in Deutschland. Wie schon am Anfang erwähnt, war es für sie nicht immer leicht, sich der Art und Weise des heutigen Alltagslebens der Bundesrepublik Deutschland anzupassen. Diese Anpassungsphase und auch ihre Meinungen heute werden in Betracht gezogen, wenn wir ihre Kommentare bezüglich der oben genannten Aspekte diskursiv analysieren. Dieser Abschnitt diskutiert auch, ob die Russlanddeutschen meinen, dass sie auch einen Teil dieses »neuen Alltagslebens« bilden, oder ob sie eher Außenseiter sind.

Der achte Abschnitt untersucht das Konzept der »Wir«-Gruppe und wen die Befragten meinen, wenn sie dieses Pronomen verwenden. Hierbei wird das Konzept »Identität« weiter untersucht. Weiterhin wird diskutiert, wie eine homogene Gruppe definiert wird und was sie bedeuten sollte. Hierbei wird eine Auseinandersetzung mit der Arbeit von Wodak et al. (1998) geführt. Eine Analyse der »Wir«-Gruppe in dem Diskurs der Befragten folgt, wobei darauf hingewiesen wird, ob sie alle Deutschen oder nur die Russlanddeutschen mit ihren Aussagen meinen.

Abschnitt 9 fragt nach der Relevanz der »deutschen« Kultur und Geschichte für die Russlanddeutschen und nach ihrer eigenen Identifikation mit der deutschen Kultur. Als Nächstes folgt eine Analyse eines der zentralen Themen dieser Arbeit, ob sie stolz auf ihre Traditionen und auf ihr »Deutschsein« sind. Dazu werden die zwei Fragen »Wie sehen sie andere Menschen?« und »Wie sehen sie sich selbst?« untersucht.

Kapitel 10 beinhaltet die Konklusion, wo eine Zusammenfassung der Antworten der Befragten ausgelegt wird. Dazu werden wir das spezifische Verhältnis der politischen und kulturellen Geschichte der Russlanddeutschen in der Sowjetunion und in Deutschland zu der Theorie von Wodak et al. anschauen und sie dann auf die Antworten der Befragten anwenden.

3 Die Vorbereitungen der Interviews und die Auswahl der Befragten

Nach den Prinzipien der »Focus Group« Interviews David Morgans (1998) und Richard Kruegers (1998a, 1998b) wurden die Interviews für diese Arbeit durchgeführt und die Befragten ausgesucht. Focus Groups zielen auf eine qualitative Untersuchung eines bestimmten Themas, wobei eine kleine Gruppe (normalerweise 6 bis 10 Personen) in einem Raum versammelt wird, in dem sie über dieses Thema diskutieren. So können Meinungen ausgetauscht, Erzählungen gesammelt und verglichen werden und genaue Erklärungen gewisser Standpunkte der Befragten von dem Moderator weiter untersucht werden.

Obwohl normalerweise die Größe einer »Focus Group« zwischen sechs und zehn Leuten liegt, hängt diese Zahl von dem Thema ab. Wie Morgan bemerkt, ist es wichtig zu bedenken, wie viel die TeilnehmerInnen zu dem Thema sagen können (Morgan, 1998: 72). Weil die Fragen dieses Interviews sich teilweise mit den Lebensgeschichten der Befragten und mit ihren Einstellungen zu der Politik beschäftigen, ging ich davon aus, dass etwas kleinere Gruppen für diese Arbeit besser wären. Weil die Gruppen letztlich sehr klein wurden, kann man sie wahrscheinlich nicht mehr »Focus Groups« im engeren Sinn nennen. Die Methode »Focus Group« Interviews war dennoch sehr einflussreich auf die Interviews dieser Arbeit in Bezug auf die Auswahl der Befragten und die Wahl für den Ort der Interviews. Während Morgan verschiedene Methoden für die Ausführung der Interviews, einschließlich der Verwendung von Seminarräumen, Videokameras und Moderatorassistenten diskutiert, wurde in dieser Untersuchung mehr Wert darauf gelegt, dass die Umwelt der Interviews so einfach wie möglich gehalten wurde. Alle Interviews wurden entweder bei den Befragten zu Hause oder an ihrem Arbeitsplatz durchgeführt. Nicht nur war dies praktikabler bezüglich der Kosten und der Organisation, es führte auch dazu, dass die Befragten sich besser entspannen konnten. Die Interviews wurden mit einem handelsüblichen Kassettenrecorder aufgenommen.

Bei den Transkriptionen schlägt Krueger vor, dass abgebrochene Sätze, lange Pausen usw. bereinigt werden und in leicht leserliche Sätze umgeschrieben werden sollen (Krueger, 1998a: 73). Es mag sein, dass diese Methode für Marketinguntersuchungen und Verbrauchermeinungen optimal ist, aber diese Arbeit konzentriert sich auf die Diskursanalyse. Verzögerungen, Qualifikationen und Unsicherheit könnten möglicherweise einen erheblichen Einfluss auf die Interpretation der Aussagen haben und von daher wäre solch eine Vereinfachung der Sätze nicht angemessen für diese Arbeit. Deswegen sind die Sätze in den Transkriptionen so wiedergegeben, wie sie von den Teilnehmerinnen in den Interviews ausgesprochen wurden.

Wie Morgan betont, ist es sehr wichtig für eine vollständige, zuverlässige, in der Tradition der qualitativen Sozialforschung stehende Arbeit, dass die Befragten nach theoretischen, vor den Interviews festgesetzten Kriterien ausgesucht werden (Morgan, 1998: 55-69). Meiner Meinung nach gibt es verschiedene Faktoren, die möglicherweise eine Rolle spielen könnten und andere Faktoren, die für die Zusammenstellung dieser Gruppen nicht so wichtig sind, obwohl sie vor jeder solchen Arbeit überlegt werden müssen. Unten habe ich eine Liste von Faktoren erstellt und zusätzlich angegeben, ob diese Faktoren einen Einfluss auf die Zusammenstellung der Gruppen haben könnten und aufgeführt, worin ihre Wichtigkeit liegt.

Aus zwei Gründen sind diese Faktoren wichtig für die Arbeit. Erstens ist es wichtig, dass die Leute in den Gruppen eine passende Mischung ergeben, dass sie sich wohl unter einander fühlen, dass sie die Erzählungen von den anderen verstehen können und dass alle bereit sind, ihre Erfahrungen auch mitzuteilen. Zweitens muss es möglich sein, die Interviews miteinander zu vergleichen und danach eine sinnvolle Analyse durchzuführen.

Die Faktoren[3]:

Geschlecht: Man kann nicht mit Sicherheit behaupten, dass russlanddeutsche Frauen und Männer ihre Konzeption von nationaler Identität diskursiv gleich oder unterschiedlich bilden würden. Der Unterschied zwischen den Geschlechterrollen in der Sowjetunion war jedenfalls anders als in der Bundesrepublik Deutschland im Besonderen und im Westen im Allgemeinen. Die Erwerbstätigkeitsraten für Frauen in der Sowjetunion war zum Beispiel viel höher. Es wurde aber auch erzählt, dass russlanddeutsche Frauen konversationsfreudiger in solchen Diskussionen wären, während sich Männer etwas zurückhaltend benommen hätten. Dieses Aspekt hätte natürlich einen großen Einfluss auf der Umwelt der Interviews ausgeübt, ist jedoch nicht bewiesen. Da diese und andere hier nicht berücksichtigten Aspekte dieser Frage erst in weiteren Pilot-Interviews getestet werden müssten, werden in dieser Arbeit nur Frauen interviewt. Dies ist auch, wie wir unten sehen werden, an den anonymen Namen der Befragten erkennbar. Im

---

3 Die Faktoren wurden von Leuten mit sehr guten Kenntnissen der Russlanddeutschen vor der Wahl der Befragten überprüft. Die Details dieses Prozesses sind von dem Autor verfügbar.

Rahmen einer größeren Studie von allen möglichen demografischen Gruppen der Russlanddeutschen wäre es hochinteressant zu sehen, wie sich dieser Faktor tatsächlich auswirkt.

Herkunft: Nach der Auflösung der Wolga-Republik landeten die Russlanddeutschen an vielen verschiedenen Orten östlich der Wolga-Republik in der ehemaligen Sowjetunion – ein direktes Ergebnis der Politik Stalins. Kasachstan und andere asiatische Länder weisen große Unterschiede zu Sibirien auf. In Teilen sowohl Sibiriens als auch Kasachstans usw. sind deutsche und russische/kasachische Kulturen zusammengekommen. Daraufhin haben die verschiedenen Leute, die als Russlanddeutsche bezeichnet werden, viele verschiedene Kulturen erlebt und sind natürlich auch unterschiedlich von ihnen beeinflusst worden. Durch arabische Märkte in Kasachstan haben die Einwohner dort zum Beispiel arabische Lebensmittel und die an diesen Märkten übliche Art des Handels kennengelernt.

Bei einem Zusammenkommen von Kulturen ist es erstens klar, dass Leute durch ein kulturelles Treffen Akzeptanz erfahren können. Aber meiner Meinung nach ist es noch wichtiger, dass sie Ideen und Kompetenzen voneinander lernen können. In der ehemaligen UdSSR gab es Beispiele sowohl für diese positiven Ergebnisse als auch für die negativen Konsequenzen. Aber auf jeden Fall gab es Orte, in denen die Russlanddeutschen sich mit den anderen Kulturen in einem Land gemischt haben, wo solche Kulturen positive Spuren bei den Russlanddeutschen hinterlassen haben.

Es ist sehr schwierig, die Herkunft eines Russlanddeutschen zu definieren, weil verschiedene Russlanddeutsche ganz andere Familiensituationen erlebt haben und vielen unterschiedlichen Kulturen begegnet sind. Eine Frau, mit der ich sprach, ist ein typisches Beispiel dafür. Ihr Vater war Russlanddeutscher und ihre Mutter kam aus Polen, sie ist aber in der Ukraine aufgewachsen. Insgesamt gab es 123 unterschiedliche Nationalitäten in der UdSSR.

In Bezug auf die Organisation der Städte ist es schwierig von Sibirien und Kasachstan zu sprechen, weil es in beiden Regionen Dörfer gab, die sowohl ausschließlich aus einer deutschen Einwohnerschaft bestanden, als auch Gebiete, die eher gemischt waren. Ich glaube, dass es für meine Arbeit förderlich gewesen wäre, Leute zu finden, die genau die gleiche Herkunft haben, in demselben Alter sind und auch eine ähnliche Ausbildung haben. Während ich die Herkunft als einen sehr wichtigen Faktor sehe und nicht leugne, dass sie eine Rolle spielt, muss ich mich damit begnügen, wenn ich Leute finde, die ähnliche Erfahrungen gemacht haben. Das heißt, ich werde Leute für die Arbeit aussuchen, die ähnlich viel Kontakt sowohl zu Deutschen, als zu Leuten anderer Nationalitäten hatten. Dies soll dann die Basis für eine Gruppe von Leuten sein, die vielleicht andere kulturelle Erfahrungen gemacht haben, aber trotzdem eine Eigenschaft teilen. Solche Leute, wenn ihre Erfahrungen nicht negativ gewesen sind, werden über eine gewisse Weltoffenheit und eine weitere Perspektive des Begriffs »Identität« verfügen. Natürlich ist es dann auch wichtig, dass diese Erfahrungen hauptsächlich positiv waren. Auf dieser Basis wären geeignete Teilnehmer also Deutsche, die weder allein auf einem Dorf, in dem sonst nur Menschen anderer Nationalitäten lebten, noch auf einem Dorf wohnten, in dem ausschließlich Deutsche lebten und wenig Kontakt zu anderen Dörfern hatten.

Alter: Das Alter der Befragten finde ich sehr wichtig, weil sie abhängig davon, wie alt sie sind, mehr oder weniger von ihren Erwartungen an und Ideen von Deutschland geprägt wurden, als sie noch in Russland waren. Es ist durchaus möglich, dass solche Erwartungen und Ideen ihre Einstellungen zu Deutschland auch heute prägen könnten und dementsprechend werden jüngere und ältere Russlanddeutsche Deutschland unterschiedlich sehen. Dazu ist es fragwürdig, ob eine Person mit 20 Jahren, die schon seit 10 Jahren in Deutschland wohnt, aber sehr jung während ihrer Zeit in Russland war, die Erzählungen von einer Person mit vierzig oder fünfzig Jahren völlig nachvollziehen könnte.

Ort: Ich finde, dass es egal sein sollte, ob die Leute auf einem hessischen Dorf oder in Berlin wohnen, wenn ich eine Arbeit schreibe, die sich auf alle Deutschen bezieht, weil ich versuche, etwas zu erklären und zu beschreiben, was bei der Mehrheit einer Subgruppe der russlanddeutschen Bevölkerung der Fall ist. Wenn ich z.B. nur Leute aus einer Großstadt in Deutschland interviewe, dann ist meine Arbeit nur eine, die um deutsche Identität in Berlin geht und keine, die um deutsche nationale Identität geht.

Ausbildung: Hier ist die Hauptsache, dass niemand, der etwas zu sagen hat, das nicht sagt, weil er Angst davor hat, dass die anderen Leute in der Gruppe denken werden, dass er dumm sei oder dass das, was er sagen will, nichts wert sei, weil er offensichtlich nicht über den Wortschatz eines Professors verfügt. Daraufhin finde ich es wichtig, dass alle Leute in der Gruppe über eine ähnliche Ausbildung verfügen.

Beruf: Weil unterschiedliche Berufe unterschiedliche Ausbildungen verlangen, habe ich wahrscheinlich schon die Auswahl von Berufen begrenzt, als ich schrieb, dass alle in den Gruppen eine ähnliche Ausbildung haben müssen. Obwohl es natürlich nicht unmöglich ist, dass ein Müllmann eine Dissertation geschrieben hat, geht man davon aus, dass ein Anwalt und ein Müllmann unterschiedliche Ausbildungen haben.

Dazu kommt die Tatsache, dass abhängig davon, welchen Beruf ein Russlanddeutscher hat, er mehr oder weniger Kontakt zu anderen Deutschen haben wird, was dann auch natürlich seine Erfahrungen mit ihnen beeinflussen kann. Zum Beispiel wird ein Polizist, der eine sehr öffentliche Rolle hat, viel mit Einheimischen zu tun haben, während das bei manchen anderen Berufen nicht der Fall wäre. Dementsprechend sollten alle in den Interviewgruppen hier Ähnlichkeiten aufweisen.

Einkommen: Das Verhältnis zwischen Einkommen und Patriotismus/Nationalismus ist nicht eindeutig. Es ist nicht so, dass gut verdienende Menschen automatisch ein positives Bild von ihrer Nation haben; andere Faktoren beeinflussen die Einstellung zur Nation stärker. Speziell bei manchen Deutschen aus der Sowjetunion spielt das Einkommen eine Rolle, weil sie in der Sowjetunion immer davon geträumt haben, größeren Privatbesitz zu haben. Für diese Leute sind Einkommen und Geld dann ein Statussymbol. Solche Leute will ich nicht interviewen, weil ich glaube, dass sie dazu neigen könnten, ein etwas übertrieben positives Bild von Deutschland zu haben, besonders, wenn sie in Deutschland finanziell erfolgreich gewesen sind. Das könnte natürlich auch umgekehrt gehen, wenn Deutschland ihren finanziellen Träumen nicht entsprochen hätte.

Familie: Hinsichtlich der Familie sehe ich das Thema von deutscher nationaler Identität als ein relativ neutrales Thema für Russlanddeutsche und ich kann mir nicht vorstellen, dass, weil jemand mehr Brüder oder Schwestern als jemand anders hat, einer von den beiden mehr Angst davor hätte, etwas zu sagen. Dazu werden die Interviewpartner meistens wahrscheinlich auch nicht wissen, was die anderen Leute für eine Familie haben.

Natürlich könnten aber gute bzw. schlechte Erfahrungen mit Familienmitgliedern in Deutschland wichtig für Russlanddeutsche sein. In diesem Fall wird Familie doch eine Rolle spielen und zwar eine sehr wichtige.

Deutsche Sprachkenntnisse: Obwohl sie bei jüngeren Russlanddeutschen ein relativ gutes Zeichen dafür sind, wie viel Kontakt diese Russlanddeutschen mit Deutschen und mit der Sprache gehabt haben, ist es meiner Meinung nach auch sehr wichtig, dass alle Leute in einer Gruppe sehr ähnliche deutsche Sprachkenntnisse haben, damit die Konversationen in den Gruppen einigermaßen fließend sind. Der erste Punkt ist allerdings von extrem hoher Bedeutung in dieser Arbeit, da Russlanddeutsche, die während der letzten 50 Jahre jeden Tag Deutsch gesprochen haben, sich ihrer Nationalität als Deutsche viel stärker bewusst sein werden, was natürlich auch ihren Standpunkt zu der Identitätsfrage beeinflussen wird. Eine weitere Diskussion des Einflusses der deutschen Sprache hinsichtlich der unterschiedlichen Erziehungen der Russlanddeutschen folgt unten.

Einfluss von deutscher Kultur auf ihre Erziehung: Es ist bekannt, dass (trotz der politischen Gefahr eines solchen Benehmens) deutsche Dialekte in manchen Familien gesprochen wurden. Wenn das nicht der Fall war, gibt es auch Russlanddeutsche, die die alten Volkslieder gesungen haben, oder Weihnachten auf deutsche Art gefeiert haben. Solche Tatsachen sind meiner Meinung nach sehr wichtig dafür, wie die Leute Deutschland sahen, bevor sie nach Deutschland kamen und spielen eine sehr wichtige Rolle in dieser Arbeit.

Die Russlanddeutschen, die jetzt in Deutschland wohnen, sind ganz unterschiedlich in Bezug darauf, wie viel ihr Leben von deutscher Kultur und der deutschen Sprache geprägt ist.

Erstens war die Wichtigkeit von deutscher Kultur für verschiedene Russlanddeutsche in der Sowjetunion ganz unterschiedlich. Manche (hauptsächlich die Älteren) haben ein sehr »deutsches« Leben in Russland geführt, Deutsch gesprochen, deutsche Traditionen (z.B. alte Volkslieder, Weihnachten usw.) bewahrt. Andere waren wenig von deutscher Kultur geprägt und haben hauptsächlich Russisch, Kasachisch oder Kirgisisch zu Hause gesprochen, wobei sie noch ein bisschen Deutsch sprechen können und ihre deutschen Wurzeln nicht völlig vergessen haben. Eine andere Gruppe von Russlanddeutschen besteht aus Leuten, die in russischen Familien leben und nur sehr schwierig deutsche Traditionen hätten bewahren können. Sie sind jetzt so gut wie russisch, kasachisch oder kirgisisch und haben dementsprechend außer ihren Nachnamen nichts mit Deutschland oder der deutschen Kultur zu tun.

Die fünf Leute, die ich interviewte, haben Deutsch in der Familie gesprochen, sind alle weiblich und über 40 Jahre alt (die meisten über 50). Sie sind auch sehr ähnlich in Bezug auf Beruf, Ausbildung und Herkunft. Sie sind auch alle in Städten in der Sowjetunion aufgewachsen, in denen verschiedene Kulturen nebeneinander gelebt haben. Sie sind auch alle in Deutschland, weil sie glaubten, sich nur in Deutschland zu Hause fühlen zu können. Manche haben aber länger als andere in Deutschland gewohnt. Die jüngste Gruppe besteht aus Leuten, die nur vier Jahre in Deutschland gewesen sind. Jedoch entsprechen alle den oben genannten Faktoren. Sie haben zum Beispiel Deutsch zu Hause gesprochen.

4 Die Interviews

4.1 Die Umwelt der Interviews

Wir gehen davon aus, dass der Kontext und die Anwesenheit anderer Leute in dem Raum (einschließlich des Autors) die Befragten in ihrer Konstruktion von nationaler Identität beeinflussen, was durch den Inhalt, die Strategien und Argumentationsmuster ihres Diskurses offensichtlich wird. Kontext schließt nach Wodak et al. Folgendes ein: (1) *immediate linguistic co-text* – semantische Umwelt einer Äußerung und lokale interaktive Prozesse der Verhandlung und Konfliktvermeidung; (2) *extra linguistic social variables* – die institutionelle Umgebung der spezifischen Situation einer Äußerung sowie auch die intertextuellen und interdiskursiven Referenzen in dem Text (Wodak et al., 1999: 9-10). Faktoren, die eine Äußerung beeinflussen können, schließen das Maß an Formalität, die Sprachsituation (speech situation), den Ort, die Gelegenheit, die Hörer der Befragten sowie auch demografische Attribute der Befragten ein. Dass die Interviews mit einem Kassettenrecorder aufgenommen wurden, darf auf keinen Fall vergessen werden. Der mögliche Einfluss davon wird besonders in Bezug auf Nervösität in Betracht gezogen werden.

4.2 Die Verhältnisse der Befragten zueinander

Die Befragten werden in den Transkriptionen nicht beim Namen genannt, damit sie anonym bleiben. Sie sind folgendermaßen gekennzeichnet: AW1, AW2, BW1, CW1, CW2, wobei der erste Buchstabe darauf hinweist, zu welcher Gruppe sie gehören und das »W« weist darauf hin, dass sie alle weiblich sind. Die Nummer unterscheidet eine Person von der anderen, die Wahl, welche Person welche Nummer hat, war rein arbiträr.

Die Befragten im jeweiligen Interview haben sich alle schon vor dem Interview gekannt und die Interviews wurden entweder an dem Arbeitsplatz der Befragten oder bei ihnen zu Hause geführt. Dass in irgendeiner Weise Druck auf andere Teilnehmer ausgeübt wurde oder dass irgendwer die Diskussion dominiert hat, wurde nicht beobachtet. Ich habe die Atmosphäre als locker empfunden. Alle Befragten haben die Fragen beantwortet. Es gab nur eine kleine Ausnahme, CW2 wollte aus verständlichen Gründen Frage 6 nicht beantworten[4]. Die Teilnehmer an den drei aufgenommen Interviews fanden meistens Übereinstimmungen. Wenn sie miteinander nicht einverstanden waren, wurde das anerkannt und darüber hinaus waren sie bereit, den Streitpunkt sorgfältig und ohne Aggression zu diskutieren. Dies kann man auch als Hinweis dafür nehmen, dass sich die Teilnehmer entspannt fühlten.

Bei den kleinen Gruppen von Befragten bestand die Gefahr, dass es keine Muster in den ausgesprochenen Meinungen innerhalb der Interviews geben könnte. Ich hätte sicherstellen

---

4 Die Frage thematisierte die Behörden in Deutschland und CW2 ist eine Beamtin.

sollen, dass es mindestens drei oder vier Leute in jeder Gruppe gab. Glücklicherweise zeigten die drei Interviews zusammen eine Übereinstimmung auf. Man kann nicht sagen, dass alle fünf Befragten das gleiche erzählen. Jedoch gibt es doch gewisse Ähnlichkeiten in ihren Antworten, die Person in Gruppe B ist die größte Ausnahme. Absolute Übereinstimmung wäre aber auch nicht zu erwarten und wäre in dem Sinne auch nicht gewünscht, da die Ergebnisse die Individualität nicht enthalten würden. Daher ziehe ich den Schluss, dass die Interviews erfolgreich und ergiebig waren. Obwohl es, wie gesagt, ideal gewesen wäre, wenn ich eine/zwei Personen mehr in jeder Gruppe gehabt hätte, war es vom Anfang an niemals meine Absicht, mehr als drei/vier Personen in jeder Gruppe zu haben. Das liegt an dem Thema, weil, wie gesagt, nach Krueger die Anzahl von Befragten davon abhängt, wie viel die Befragten zu dem Thema zu sagen haben. Bei so einem großen und komplexen Thema wie diesem können die Befragten verständlicherweise viel sagen und deswegen kommt eine fließende Diskussion ohne viel Mühe zustande.

Dies ist eine sehr kleine Studie im Vergleich zu vielen anderen Studien zum Thema nationaler Identität und ist eine nicht-repräsentative Stichprobe der Kultur von Russlanddeutschen. In dem Sinne kann man nur ganz vorsichtig versuchen zu verallgemeinern. Man muss sie vielmehr als eine Einführung in die Ideen der Russlanddeutschen sehen, in die diskursiven Strukturen der Russlanddeutschen, deren Ergebnisse sich jedoch zunächst nur auf diese drei Gruppen beziehen, die nach den oben genannten Kriterien ausgewählt wurden.

Die Befragten in Gruppe A waren jedesmal gleicher Meinung, obwohl sie immerhin von unterschiedlichen Erfahrungen sprachen, in Bezug auf die Schwierigkeiten der Deutschen in der Sowjetunion zum Beispiel. Gruppe B bestand nur aus einer Frau. Hier reicht es zu sagen, dass sie sehr oft die Frage, die ihr gestellt wurde, nicht beantwortete, sondern eine andere. Versuche seitens des Moderators, sie zurück zu der Frage zu bringen, sind ihm (mir) nicht wirklich gelungen. Dies bedeutet nicht, dass die Antworten für die Arbeit nicht brauchbar sind. Es formt jedoch einen wichtigen Teil der Analyse dieses Interviews. Hier ist es auch interessant zu erwähnen, dass sie die einzige war, die das Interview alleine gemacht hat, obwohl das nicht erwünscht war. Sie wurde auch vor dem Interview darum gebeten, ähnliche Leute wie sie zu finden. Vorher meinte sie, dass das alles kein Problem wäre, tat es allerdings nicht. CW1 und CW2 waren manchmal gleicher Meinung, manchmal nicht. Sie hatten auch andere Erfahrungen, besonders im Bezug auf ihre Familie und ihre Erziehung. Gerade auf die Frage der Ausbildung der Russlanddeutschen in der damaligen Sowjetunion fanden sie keine Übereinstimmung. Sie diskutierten alles sehr offen und machten keine Kompromisse, um die andere Person zu besänftigen. Damit war die Diskussion lebendig und gespannt.

4.3 Die Fragen

Die in den Interviews verwendeten Fragen sind die folgenden:

1. Was haben Sie früher für typische deutsche Sachen zu Hause gemacht? Volkslieder gesungen? Wie haben Sie Weihnachten gefeiert?

2. Sind Sie stolz darauf, ihre Traditionen so lange bewahrt zu haben?

3. Unterscheiden Sie die heutige deutsche Kultur von der Kultur anderer europäischer Länder?

4. Wie beurteilen Sie die Rolle Deutschlands in der Europäischen Union?

5. Was halten Sie von Demokratie in Deutschland?

6. Wie finden Sie die Behörden in Deutschland?

7. Was halten Sie von der sozialen Marktwirtschaft Deutschlands?

8. Identifizieren Sie sich mit dem Begriff »Weltbürger«?

9. (Teil 1) Wurden Sie in der ehemaligen Sowjetunion als Deutsche beschimpft? Haben die Kinder in der Zeit zwischen 1942 und 1991 in der Schule gelernt, dass es einen Unterschied zwischen den Russlanddeutschen und den Deutschen in Deutschland gab?
(Teil 2) Werden die Kinder jetzt auf der Straße als Russen beschimpft? Lernen die Kinder heute in deutschen Schulen etwas über die Geschichte der Russlanddeutschen?

Als Basis für die Fragestellung dieser Arbeit wurden Frageformulierungen aus »Nationale Identität, Nationalismus und Patriotismus in einer Panelstudie 1993, 1995 und 1996« von Peter Schmidt verwendet, deren Ziele es sind, den Grad an Nationalstolz der Befragten zu messen und die Meinungen der Befragten zu demokratischen und humanistischen Werten zu analysieren (Schmidt, 1998: 272). Die Untersuchung Schmidts war jedoch für eine Studie der Einstellungen von »Deutschlanddeutschen« erarbeitet und nicht alle der Fragen sind für diese Studie geeignet. Es gibt Fragen, zum Beispiel in Bezug auf die Geschichte, die wenig Relevanz für die Russlanddeutschen haben, weil die Russlanddeutschen eine andere Geschichte erfuhren. Fragen 1, 2 und 9 sind daraufhin ausgearbeitet worden.

Die Interviews

Bei der Konstruktion der Fragestellung wurde auch sichergestellt, dass die Fragen den Befragten nicht eine gewisse Antwort in den Mund legten und dass sie eigene Antwort überlegen mussten. Zudem war es wichtig, dass die Fragen schlicht und leicht verständlich waren. Einfache Sätze ohne viele Verben, die nicht falsch interpretiert werden könnten, wurden deshalb genutzt (Morgan, 1998: 34). Ob die Fragen verstanden werden könnten und ob sie Antworten ergeben würden, war das prinzipielle Ziel eines Pilotinterviews im August 2003.

Oben sind die Fragen mit »Sie« geschrieben. Es wurden mehrere E-mails, Anrufe und Treffen gebraucht, um erst die Befragten zu finden und dann ein Termin für die Interviews festzulegen. Während dieses Kontaktes haben alle fünf Befragten mich geduzt. Daraufhin erscheinen die Fragen in den Interviews mit »du«.

Der letzte Teil des Interviews ist der Film »Schwarzfahrer« von Bebe Panquant, der hauptsächlich in einer Straßenbahn in Berlin gedreht wurde. In dem Film sitzt ein schwarzer Mann neben einer alten weißen Frau, die ihn die ganze Strecke beschimpft. Die anderen Passagiere reagieren nicht und sind vor allem mit ihren eigenen Sachen beschäftigt. Nach einer Weile steigt der Kontrolleur ein und kurz bevor er zu der Frau herüberkommt, isst der schwarze Mann das Ticket der Frau. Die Frau antwortet auf die Frage des Kontrolleurs nach ihrem Fahrschein perplex: »Der Neger hier hat ihn eben aufgefressen!« – was den Kontrolleur nicht überzeugen kann: »So'ne blöde Ausrede hab ich auch noch nicht gehört.«

Nachdem die Befragten den Film anschauten, wurden sie gebeten zu sagen, was sie zu dem Film dachten. Das Ziel dieser Frage war zu sehen, ob der unterschiedliche Kontext dieser Frage einen Einfluss auf ihre Antworten und Gedanken ausüben würde. Die Konnotationen des Filmes sind offensichtlich und es war daher möglich, dass die Gedanken dazu ihre Antworten auf andere Fragen in der Fragestellung widerspiegeln könnten, deren Ziele nicht immer so offenbar sind.

Aus Zeitgründen schaute Gruppe A den Film nicht an. Wie geplant guckte Gruppe B den Film nach den anderen Fragen an. Wegen der Öffnungszeiten des Medienraumes in dem Gebäude von Gruppe C musste sie den Film vor den anderen Fragen anschauen.

5 Die theoretische Basis der Arbeit

Wir beginnen mit den gleichen Annahmen bezüglich nationaler Identität wie Wodak et al. (1999: 3-4) und in Anlehnung an Benedict Anderson (1986), dass Nationen eigentlich nur mentale Konstruktionen, »imaginierte Gemeinschaften« sind, die nationalisierte, politische Subjekte als diskrete, politische Organismen verstehen, und dass nationale Identitäten auch diskursiv gebildet, verwandelt und auseinandergenommen werden können. Wir werden auch davon ausgehen, dass nationale Identität eine Reihe ähnlicher Konzeptionen, ähnlicher emotionaler Tendenzen und Einstellungen sowie auch ähnlicher Verhaltensmuster kennzeichnet, die die Träger dieser nationalen Identität charakterisieren. Sie lernen sie durch Sozialisation (Bildung, Politik, Medien, Sport und das Alltagsleben). Die Analyse solcher qualitativen Gruppenkonversationen ermöglicht einen Blick auf den Empfang und die Rekontextualisation des Diskurses der Politiker und der Massenmedien. Dadurch wird auch angestrebt, manipulierende Strategien der Medien und der Politik, die auf eine linguistische Homogenität oder eine diskriminierende Ausschließung gewisser Menschen zielen, zu enthüllen und dabei auch Licht auf die rhetorischen Strategien zu werfen, die gewisse politische Überzeugungen, Werte und Ziele stark beeinflussen.

Wir nehmen also den Standpunkt ein, dass die diskursive Konstruktion nationaler Identitäten stark von anderen Diskursen, von Politikern und von den Medien beeinflusst wird. Dies ist ein Prozess, den Martin unten so erklärt, dass eine Person in ihrer Wiederherstellung dieser diskursiven nationalen Identitätskonstruktion beeinflusst wird. In unserer Diskussion des Diskurses der nationalen Identität können wir »the identity narrative«, die »Erzählung von der Identität«, als Aktion verstehen, die einen gemeinsamen Diskurs über die Identität einer Nation schafft, das heißt der Staat, die Politiker, die Medien, die Institutionen usw. schaffen als Akteure diesen gemeinsamen Diskurs. Diese Erklärung weist auf das wichtigste Element der Aussage hin, dass Politiker und Träger von politischer Verantwortung das Verständnis der Bevölkerung von ihrer nationalen Identität bewusst beeinflussen.

> To put it in a nutshell, the identity narrative channels emotions so that they can fuel efforts to modify a balance of power; it transforms the perceptions of the past and of the present; it changes the organisation of human groups and creates new ones; it alters cultures by emphasising certain traits and skewing their meanings and logic. The identity narrative brings forth a new interpretation of the world in order to modify it. (Martin in Wodak et al., 1999: 28)

Die Frage nach der Art der Wiederherstellung einer solchen diskursiven Produktion wird jedoch nicht vollständig beantwortet, denn sie vergisst, das Individuum mit einzubeziehen. Wodak et al. ergänzen diese Theorie, um das »Individuum« einzuschließen, wobei sie die Arbeit Bourdieus bezüglich des Konzepts »Habitus« als die Grundlage ihrer Definition nehmen.

Nationale Identität ist ein komplexes Konstrukt. Es besteht aus gemeinsamen oder ähnlichen Glaubensideen oder Meinungen. Es wird in dem Prozess der Sozialisation auf die Ideen der »Wir«-Gruppe internalisiert, die von Außengruppen unterschieden wird. Es prägt auch gemeinsame oder ähnliche Einstellungen im Bezug auf Außengruppen sowie gemeinsame oder ähnliche Verhaltensmuster, einschließlich inklusiver, solidaritätsorientierter und exklusiver, unterscheidender Muster. Insoweit, dass dieses komplexe Konstrukt, das auch als ein »verallgemeinertes Anderes« gesehen werden kann, internalisiert ist, das heißt individuell angenommen, bildet sie auch einen Teil der individuellen Identitätskomplexe (individual's identity complex). Dieser Beschreibung stimme ich zu. Sie bildet auch den Ausgangspunkt dieser Studie (Wodak et al., 1999: 28-30).

Dies bringt uns zurück zum Begriff des »Habitus« von Bourdieu, der verwendet wird, um einen »nationalen Charakter« oder einen »Menschencharakter« zu beschreiben. Er besteht aus drei Komponenten, nämlich, »mental level« (mentale Ebene), »level of emotions and beliefs« (Ebene der Emotionen und Glauben) und »level of behavioural dispositions« (Ebene der Verhaltensveranlagungen). Wie Wodak et al. gehen wir aber davon aus, dass ein »nationaler Charakter« nichts anderes als eine stereotypische Illusion (phantasmagoria) ist. Wenn wir also versuchen, stereotype Bilder eines »deutschen« nationalen Charakters, wie Pünktlichkeit, Fleiß, Ordentlichkeit, kein Humor und keine Improvisationsfähigkeit, auf die drei oben genannten Komponenten anzuwenden, dann wenden wir sie auf die »level of mental dispositions« (Ebene der mentalen Veranlagung) nicht an. Denn eine solche Anwendung würde bedeuten, dass diese stereotypen Bilder etwas von Geburt an Gegebenes wären – dieser Auffassung soll hier ausdrücklich widersprochen werden. Nationale Identität sehen wir statt dessen als erworben und veränderbar an. Wir wenden die Stereotype dementsprechend nur auf den »mental level« und, wenn diese Ideen mit gewissen emotionalen Einstellungen und Überzeugungen verbunden sind, auch auf den »level of emotions and beliefs« an.

Bourdieu beschreibt den Beitrag des Staates zu der Konstruktion nationaler Identitäten in seinem Essay »Rethinking the state« so:

> Through classificational systems (specifically sex and age) inscribed in law through bureaucratic procedures, educational structures and social rituals (particularly salient in the case of Japan and England), the state moulds mental structures and imposes common principles of vision and division [...] And it thereby contributes to what is commonly designated as national identity (or in a more traditional language, national character). (Bourdieu in Wodak et al., 1999: 29)

Ich zitiere Wodak et al., um diese ganze Diskussion zusammenzufassen:

> Die nationale Identität der sich zum nationalen Kollektiv gehörig fühlenden Individuen findet unter anderem in ihren sozialen Praxen, zu denen auch die diskursive zählt, ihren Ausdruck. Andererseits wird die jeweilige nationale Identität von den sozialen (staatlichen, politischen, institutionellen, medialen, alltäglichen usw.) Praxen und den daraus resultierenden materiellen und sozialen Lebensbedingungen geprägt, denen die jeweilige Person unterworfen oder ausgesetzt ist. Die diskursive als eine spezielle Form der sozialen Praxis hat sowohl bei der Ausbildung als auch bei der Artikulation der nationalen Identität einen zentralen Stellenwert. Ein Teil der diskursiven Praxis gerinnt zu Gesetzen. Als institutionell verfestigte diskursive Praxis setzen Gesetze einen verbindlichen rechtlichen Rahmen für die sozialen Praxen der politischen Inklusion und Exklusion von Personen. Die gesetzlich vorgeschriebene Praxis deckt sich allerdings nicht immer mit der tatsächlich praktizierten. Die sozialen Praxen sowohl

auf der aktionalen als auch auf der diskursiven Handlungsebene weichen zum Teil im Positiven und zum Teil im Negativen von den Gesetzen ab. (Wodak et al., 1998: 70f.)

Diese theoretische Basis ist wohl ausreichend und sie ist auch flexibel genug, um sie auf viele verschiedenen nationalen Kulturen zu beziehen. Sie ist aber erst ein nützliches Werkzeug in Bezug auf eine spezifische Nationalität, wenn man sich auch die geschichtlichen und kulturellen Besonderheiten dieser Nation mit einbezieht. In diesem Fall muss man natürlich auch die Besonderheiten der befragten Gruppe, d.h. der Russlanddeutschen, in Betracht ziehen.

6 Eine kleine Geschichte der Deutschen aus der ehemaligen Sowjetunion

Russlanddeutsche oder Wolgadeutsche bildeten einen großen Teil der Spätaussiedler, die seit 1988 nach Deutschland gereist sind. Ihre Bedeutung für deutsche Kultur und Geschichte geht jedoch viel weiter zurück.[5]

Die russische Zarin Katharina II. (1762-1796) traf im 18. Jahrhundert die Entscheidung, dass Deutsche Russland kolonisieren sollten. In einer Welt, in der sich ein internationaler Wirtschaftswettbewerb schon etabliert hatte, hielt es Katharina für sehr wichtig für die Weiterentwicklung Russlands und dessen Standes im Vergleich zu den anderen Großmächten der Welt (einschließlich Preußen, Österreich-Ungarn, Dänemark und Großbritannien mit seinen Kolonien in Nordamerika), Ausländer mit besonderen Fachkenntnissen nach Russland zu locken. Dies bildete einen wichtigen Bestandteil der Erweiterung Russlands nach Westen, die sich ab 1762 vollzog. Leute aus dem Ausland konnten daher Lücken auf dem Arbeitsmarkt füllen, wofür die russische Wirtschaft selbst keine Arbeitskräfte bieten konnte, weil die Bauern in Russland, durch die Leibeigenschaft an ihre Grundherren gebunden, nicht nach Westen aussiedeln konnten.

---

5 Für eine Darstellung der Geschichte der Russlanddeutschen siehe z.B. Landmannschaft der Deutschen aus Russland o.D., 1993, 2002; Informationen zur politischen Bildung 2000

Als die deutschen Kolonisten ihre Heime verließen, existierte an Stelle des heutigen Deutschlands das »Heilige Römische Reich Deutscher Nation« (Sacrum Romanorum Imperium), das im Grunde genommen aus einem lockeren Verbund aus deutschen Territorien bestand. Es erfüllte die Rolle einer deutschen Nation also nicht. Das Heilige Römische Reich Deutscher Nation, das zu Beginn seiner Geschichte 962 stark mit Religion verbunden war[6], erlebte Änderungen bezüglich seiner Einstellungen zur Religion. 1555 ließ der Augsburger Religionsfriede allen Reichsstädten und Territorien in Deutschland die freie Wahl zwischen der lutherischen und der katholischen Konfession.

Die Ansiedlung der Deutschen in Russland begann mit einem Einladungsmanifest Katharinas am 22. Juli 1763, als sich Deutsche aus Hessen und aus dem Rheinland im Wolgagebiet (Wolgasteppen/ Wolgograd) niederließen. Dies setze sich mit Ansiedlungen bei Petersberg (1765) und den Schwarzmeergebietkolonien (nördlich des Schwarzen Meeres) bis 1859 fort. Im Wolgagebiet wurden insgesamt 104 Kolonien gegründet. Die meisten Kolonisten kamen aus Hessen, Nordbayern, Nordbaden, der Pfalz und einigen Teilen der Rheinprovinz, die alle Landesteile sind, die besonders stark unter dem Siebenjährigen Krieg (1756-63) gelitten hatten. Hohe Steuerabgaben im Südwesten Deutschlands, Rekrutierungen für die napoleonischen Kriege (1792-1815) und schlechte Ernten (1809-16) waren zu Beginn des 19. Jahrhunderts der Antrieb für Deutsche, nach Russland auszusiedeln. Dazu kamen die mit der Reformation verbundenen Unruhen am Ende des 18. Jahrhunderts in Bayern und Franken, die im Jahr 1800 Anlass des Eingreifens des Militärs waren, damit die »Ordnung« wiederhergestellt werden könnte, und die dazu führten, dass viele ihre alte Heimat verließen.

---

6 Die Könige wurden z.B vom Papst bestätigt und gekrönt.

Die Russlanddeutschen arbeiteten hauptsächlich als Agrararbeiter und Handwerker, jeder Kolonist und seine Familie bekam rund 30 Hektar Land zur Bewirtschaftung (65 Hektar im Schwarzmeergebiet). Die Handwerker stellten neben Gebrauchsgegenständen und Kleidung auch landwirtschaftliche Geräte und Fuhrwerke her und daraus entstand eine erfolgreiche Wirtschaft in den verschiedenen deutschen Kolonialgebieten Russlands. Sie bildeten neue Gemeinden, bekamen dort deutsche Kirchenschulen und hatten sogar eine Art Selbstverwaltung. Ihr Leben war ihrem Leben in Deutschland sehr ähnlich, da sie auch deutsche Traditionen einschließlich der Speisen, Volkslieder und Spiele bewahrten. Ihre Häuser sahen auch denen in Deutschland sehr ähnlich und Ortsnamen wie Rohrbach, Landau und München erinnerten sie an ihre alte Heimat. Zu Beginn der Kolonisation hatten sie jedoch nur wenig Kontakt zu den Einheimischen, von etwas Handel abgesehen. Sie lebten jedoch gut; ein Grund, aus dem sie migrierten, war, dass sie Privilegien, einschließlich Religionsfreiheit, Steuerfreiheit, Befreiung vom Militärdienst und staatliche Unterstützung bei der Umsiedlung, bekamen.

Diese Rechte der deutschen Kolonisten wurden zwischen 1800 und 1803 durch die »Instruktion für innere Ordnung und Verwaltung« gesetzlich gesichert. Diese Situation blieb auch bis zum Ende des Krimkrieges (1853-56) unverändert, als die Niederlage Russlands das Ende der Selbstverwaltung und der Befreiung der Russlanddeutschen vom Militärdienst mit sich zog. Die Situation der Deutschen in Russland verschlechterte sich in den 1880er Jahren, als die Slawophilen[7] eine Germanisierung der Wolhynien, Podolien und der Gebiete um Kiew befürchteten. Das Fremdengesetz von 1887 bedeutete, dass die Deutschen in diesen Gebieten Russland verlassen und

---

7 Denkrichtung, die sich auf die russische Tradition berief – im Gegensatz zu den »Westlern«, die für die Übernahme westlicher Ideen eintraten.

nach Übersee auswandern mussten. 1891 kam auch die Russifizierung des deutschen Schulwesens. Die sogenannten Liquidationsgesetze von 1915 beinhalteten, dass der deutsche Grundbesitz in Wolhynien auf einen Grenzstreifen von 150 Kilometern beschränkt wurde. Damit mussten 200.000 Kolonisten umsiedeln. 1917 wurden die Liquidationsgesetze auf alle deutschen Kolonien im europäischen Teil Russlands ausgedehnt. Eine der Folgen dieser Politik war der wirtschaftliche Ruin in den Regionen.

Die provisorische Regierung nach der Abdankung des Zaren Nikolaus II. im März 1917 erleichterte die Situation der Russlanddeutschen und führte Bürgerrechte für alle Einwohner des Russischen Reiches ein. 1917 entstand auch die deutsche »Autonomiebewegung«, die über Zentren in Odessa, Saratow, Moskau, Tiflis, Omsk und Slawgorod verfügte, 1918 wurde das Wolgagebiet von der Regierung in Moskau als ein autonomes Gebiet der Deutschen anerkannt. Lenin unterschrieb das entsprechende Dekret am 19. Oktober. Andere Kolonien im Ural, in Sibirien, Kasachstan und im Kaukasus erlitten ein schlimmeres Schicksal, da sie in der Mitte des Bürgerkriegs zwischen den zaristischen »Weißen« und den Bolschewiken standen. Nach dem Abzug von deutschen Truppen aus diesen Regionen 1918 verloren die dort angesiedelten Deutschen Kontakt zu den Deutschen an der Wolga.

Nach dem Ende des Bürgerkrieges entspannte sich die Situation der Russlanddeutschen politisch. Ökonomisch war es aber an vielen Gütern knapp. 1920/21 litten die Deutschen an der Wolga und in der Ukraine unter Missernten und damit verringerte sich die Bevölkerung der Wolgakolonien durch Hungertod und Abwanderung in andere Gebiete um 26,5%. 1924 wurde das autonome Gebiet der Wolgadeutschen zu einer autonomen Sozialistischen Sowjetrepublik (ASSR) der Deutschen aufgewertet. Dazu kamen die von der sowjetischen Regierung gegründeten Rayons (Landkreisen), fünf in der Ukraine, dann jeweils einer in Georgien, Aserbaidschan und auf der Krim (Altai). An den übrigen Orten, wo nur wenige deutsche Dörfer übrig blieben, wurden nationale »Dorfsowjets« gegründet, davon gab es 1929 550. Die Situation der Deutschen sah damit viel besser aus, deutsche Schulen und Hochschulen durften wiedergegründet werden und obwohl Russisch und Ukrainisch zu den Amtssprachen erhoben wurden, wurden die Gesetze auch ins Deutsche übersetzt. Die Politik der Kollektivierung konnten sie jedoch nicht vermeiden und bis zum 1. Juli 1931 wurde 95 Prozent des Privatbesitzes an der Wolga kollektiviert.

Politische Ereignisse prägten die Geschichte der Russlanddeutschen sehr stark und der Machtwechsel in der Sowjetunion übte einen großen Einfluss auf die Qualität des Lebens der Russlanddeutschen aus. Laut Stalin stellten die Russlanddeutschen eine große Gefahr für die Stabilität Russlands dar. Schon 1934 erstellten die sowjetischen Behörden Listen von den in der Sowjetunion lebenden Deutschen. Die Deutschen wurden wieder zum inneren Feind erklärt und man verdächtigte sie der Verbindung mit dem nationalsozialistischen Regime in Deutschland. 1935 wurde der Rayon Pulin in Wolhynien ausgelöscht und die deutsche Bevölkerung in andere Gebiete umgesiedelt. Im selben Jahr begannen dann auch Gerichtsverfahren in vielen deutschen Gebieten, die die Deutschen dort wegen Spionage, illegaler Verbindungen mit dem Ausland, Propaganda für eine auswärtige Macht oder Zellenbildung schuldig sprachen[8].

Dies alles erreichte seinen Höhepunkt, als am 30. August 1941 alle Russlanddeutschen aus dem Wolgagebiet deportiert

---

8 Es wurde später bewiesen, dass sie unschuldig waren. Details des Verfahrens befinden sich in Information zur politischen Bildung 2000: 21.

wurden. Nur 48 Stunden zuvor hatten sie einen kleinen Zettel bekommen, auf dem stand, dass sie höchstens 50 kg Gepäck mitnehmen dürften. Die Operation wurde von Kampf- und Sondereinheiten der sowjetischen Armee und von dem Volkskommissariat des Innern (NKWD) überwacht. Während dieser Aktion verloren Menschen ihre Häuser, Vieh und Inventar, viele Menschen wurden von ihren Familien getrennt und alle Wolgadeutschen sind an verschiedenen Orten in der Sowjetunion gelandet. Viele, vor allem die Männer, mussten in die »Trautarmee« (Arbeitsarmee) gehen, was einem Konzentrationslager sehr ähnlich war. Die deutsche Bevölkerung wurde pauschal der Kollaboration mit Deutschland und der Vorbereitung von Anschlägen beschuldigt. Insgesamt 400.000 Wolgadeutsche, 80.000 Deutsche aus anderen Gebieten des europäischen Teils und 25.000 Personen aus Georgien und Aserbaidschan wurden nach Sibirien, Kirgisien oder Kasachstan vertrieben. Schon zwischen Juli und Oktober 1941 verloren ca. 100.000 Deutsche in der Ukraine ihre Häuser und wurden nach Kasachstan, Kirgisien und Tadschikistan deportiert.

Bei der Ankunft wurde ihnen gleich erklärt, dass sie jetzt nicht mehr reisen dürften, egal, aus welchem Grund. Sie mussten sich auch einmal in der Woche bei der Polizei melden und zwischen 1941 und 1956 konnte fast kein Russlanddeutscher im Schulalter eine Schule besuchen. Nach einem Treffen des Bundeskanzlers Adenauer am 9. September 1955 in Moskau und deutsch-sowjetischen Verhandlungen kam ein Dekret des Präsidiums des Obersten Sowjets der UdSSR, was zur Folge hatte, dass sich die Lage der Russlanddeutschen ab Anfang 1956 leicht verbesserte. Die Meldung bei der Polizei wurde zuerst auf einmal im Monat verlängert und dann wurde sie ganz abgeschafft. Des weiteren durften sie, mit wenigen Ausnahmen, innerhalb der Sowjetunion reisen. Sie bekamen aber keine Entschädigung für ihr 1941 beschlagnahmtes Eigentum und durften auf keinen Fall zurück in ihre Heimat (im Wolgagebiet oder in den Rayons) fahren und ihre alten Häuser zurückfordern. Im Jahr 1979 siedelten 1,8 Prozent der Russlanddeutschen in der Ukraine, 18,6 Prozent in anderen europäischen Teilen der Sowjetunion, 23,8 Prozent in Sibirien, 46,5 Prozent in Kasachstan und 9,3 Prozent in Mittelasien.

Wahrscheinlich viel schlimmer als die Meldung bei der Polizei war der Rassismus gegen die Russlanddeutschen, die als Faschisten beschimpft wurden und deren politische Behandlung durch diesen Staat deutlich schlechter war. Deutsch zu sprechen war verboten (obwohl viele es sowieso zu Hause gesprochen haben) und alle Deutschen, die wollten, dass als Nationalität: »Deutsch« in ihrem Pass stand, verloren die Gleichberechtigung in der Gesellschaft, sie durften sich um gewisse Stellen, zum Beispiel bei einer Zeitung, nicht bewerben. Deutsch wurde nach 1956 wieder in den Schulen in deutschen Gebieten eingeführt, doch gab es nicht genug Lehrer oder Schulbücher. Dies führte zu einer Russifizierung der deutschen Bevölkerung, 1926 gaben 95 Prozent der Russlanddeutschen »Deutsch« als ihre Muttersprache an, 1979 fiel dieser Prozentsatz auf 57,7 Prozent und 1989 auf 48,7 Prozent.

In diesem Klima der Repression kämpften viele Russlanddeutsche schon in den 50er und 60er Jahren für mehr Rechte. Die Priorität der Russlanddeutschen war die Wiederherstellung der autonomen Republik an der Wolga. Die Russlanddeutschen waren aber erst ab 1965 richtig politisch organisiert, als Autonomiebewegungen (Delegationen) Verhandlungen mit der Staats- und Parteiführung bis in die 70er Jahre durchführten. Versuche, eine autonome Republik zu gründen, wurden während der Regierungszeit Gorbatschows in den 80er Jahren im Zeichen der Perestrojka (Umgestaltung) und Glasnost (Offenheit) weiterhin verstärkt. Im Vergleich zu anderen Autonomiebewegungen in Estland, Litauen usw. waren die der

Russlanddeutschen sehr zurückhaltend und blieben gewaltfrei. Ende März 1989 wurde die Organisation »Wiedergeburt« gegründet, um die Interessen der deutschen Bevölkerung weiter zu vertreten. Die autonome Republik an der Wolga ist aber niemals wiedergegründet worden.

Im Oktober 1988 traf sich Bundeskanzler Kohl zweimal mit Gorbatschow, um die Situation der Russlanddeutschen und eine mögliche Ausreise zu diskutieren. Die Idee, die Wolgarepublik wieder aufzubauen, wurde von beiden Seiten wegen der Kosten weiterhin abgelehnt. Die Möglichkeit der Ausreise wurde aber gewährleistet. Die Bundesregierung versprach auch mehr Geld, damit die Russlanddeutschen ihre Gemeinden in Mittelasien und Sibirien durch Bibliotheken und Schulen mit Lehrmaterial auf Deutsch sowie ihre Wohnungssituation verbessern konnten. Weil sich aber die wirtschaftliche Situation in den mittelasiatischen Gebieten verschlechterte und weil die neugegründeten, zentralasiatischen Staaten ethnische Benachteiligungen für die deutsche Bevölkerung mit sich brachten, entschied sich die Mehrheit der deutschen Bevölkerung für die Ausreise in die Bundesrepublik Deutschland ab 1988.

Aus dem Gebiet der ehemaligen Sowjetunion siedelten

1990:   147.950 Personen
1991:   147.320 Personen
1992:   195.576 Personen
1993:   207.347 Personen
1994:   213.214 Personen
1995:   209.409 Personen
1996:   172.181 Personen
1997:   131.895 Personen
1998:   101.550 Personen
1999:   103.599 Personen
2000:   94.558 Personen

2001:   97.434 Personen
2002:   90.587 Personen
2003:   72.289 Personen
2004:   58.728 Personen[9]

in die Bundesrepublik Deutschland aus.

Die wichtigsten Details des Bundesvertriebenengesetzes, das die Rechtsverhältnisse der Russlanddeutschen regelt, sind im Anhang dokumentiert.

---

9   Quelle: Bundesministerium des Innern. http://www.bmi.bund.de/

7 Interpretation der Geschichte: Die Zeit in der Sowjetunion

7.1 Schwierige Zeiten in der Sowjetunion

Das Leben in der Sowjetunion war generell schwierig für viele Menschen, nicht nur für die Deutschen. Wie in den Ausschnitten der Transkriptionen zu sehen ist, wurden viele Produkte rationiert und manche standen überhaupt nicht zur Verfügung. Für die Deutschen war die Lage noch schlimmer, weil viele ihre Muttersprache in der Öffentlichkeit nicht mehr sprechen konnten, weil sie sich um gewisse Stellen nicht bewerben durften und weil sie nicht an allen Orten in der Sowjetunion wohnen durften. Man merkt jedoch in den Erzählungen von AW1, AW2, CW1 und CW2, dass sie von diesen Erfahrungen nicht verärgert sind. Sie bleiben meistens sehr sachlich. Es kommt manchmal vor, dass sie sagen, dass eine Situation »schlimm« oder »schwierig« war. BW1 betont dagegen das Leiden der Russlanddeutschen explizit.

CW1 und CW2 beschreiben die Situation in der Sowjetunion wie sie war, ohne zu ergänzen, dass sie furchtbar war. Diese Art von Erzählung können wir gut mit der von BW1 vergleichen, deren Kommentar zu den Faschisten-Beschimpfungen unten im Kapitel 6.2 zu finden ist. CW1 redet über die Knappheit von Gütern in der Sowjetunion, hier geht es speziell um den Mangel an Essen.

CW1: [...] Die Russen haben die Sitten übernommen / Blutwurst und Leberwurst vorbereitet und so, weil im Geschäft, sagen wir so, ich habe – erste Mal – vermutlich im Geschäft – Wurst gegessen mit 12 oder mit 13 Jahren, früher habe ich überhaupt – gar nichts, weil kein Fleisch war zu Verkauf, das waren 60er Jahre. Wir haben Brot und so Karten bekommen. Ja Weißbrot, ja bis 64 [10]

M: also dann gibt es Einflüsse von beiden –

CW2: von beiden Kulturen. Ja, kann man nicht sagen, das/ das nur jenes war, das war gleich, wie gesagt, typische deutsche Blutwurst oder Leberwurst und [??].

CW1: Das war natürlich interessantes/ ich denke, auf jeder Straße, oder ich denke, auf jeder Straßenecke oder Dorfecke war ein Fachmann für diesen Bereich, ein Deutscher ja und wenn die russische Familie den Schwein geschlachtet hat oder was, hat den Deutschen eingeladen, als Fachaufsicht/ musste dann erklären, wie es geht – mit dem Blutwurst.

In Bezug auf die Rationen:

M: also man durfte –

CW2: nur so viel haben, so viel kaufen, wie auf dem Kärtchen stand, 150g Brot pro Mensch, Weißbrot oder Schwarzbrot, so und so viel Zucker, so und so viel Grundnahrungsmittel, die auch beschränkt wurden, das war beides, also –

---

10 Erklärung der Punktuation: – bedeutet eine Pause in der Aussage und / bedeutet eine abgebrochene Aussage. [??] heißt, dass die Qualität der Aufnahme zu schlecht war und dass der Teil unverständlich war.

CW1 gibt zu, dass es schwere Zeiten waren, ist aber nicht verärgert. Hier geht es um die »Supermärkte«:

> CW1: Milch konnte man mit Einschränkung kaufen – und irgendwas konnte man immer überhaupt nicht kaufen oder war schlecht, das war seit 86 bis/ ja bis zur Ausreise, 92 auf jeden Fall

Sie ist auch vorsichtig, mit dem Finger rasch auf den Staat oder auf die zu ihm gehörenden Politiker und Beamte zu zeigen.

> M: Es gab keine Entwicklung?
>
> CW1: Entwicklung war schon da. Es war // das/ konnte nicht regelmäßig das alles irgendwie in diesem Land zu verteilen. Das Land ist doch erstens riesig und zweitens mit Rohstoffen voll, ja, aber ein richtiger Herr oder ein richtiger, sagen wir so, richtige Geschäfte oder/– fehlten,

AW2 spricht auch sehr realistisch und pragmatisch über die Situation. Dieser Ausschnitt handelt von einer besonderen Klasse für deutsche Kinder in Kasachstan.

> AW2: und da wurde eine deutsche Klasse in der Schule eingerichtet. Mein Cousin war damals in der fünften, er war ein sehr guter Fußballspieler und weil er Deutscher war, sollte er jetzt in diese Klasse gehen und – also das war furchtbar – , also diese Klasse, das war schlimm. Damals, diese Kinder, das war eine verlorene Klasse. Die fünfte Klasse, die wurden als Faschisten beschimpft. [...] man wollte es jetzt so – *mit Gewalt durchsetzen. Und das durfte man nicht (mal). Man hätte schon vielleicht erstmal auf freiwilliger Basis und nicht mit den Fünftklässlern, sondern mit Zweitklässlern anfangen sollen.* Und mhm – also in dieser Klasse erinnere ich

> mich an Schwierigkeiten. [...] *Es war nicht gut. Die At-*
> *mosphäre in der Schule vor allem.*

Sie sagt auch nicht, dass alles zufriedenstellend für die Deutschen in der UdSSR war, aber sie ist auch nicht bitter.

> M: und haben sie irgendwie mitbekommen, dass die Russlanddeutschen oder Kasachendeutschen/ dass sie denn unterschiedlich zu den »deutsch«-Deutschen waren?
>
> AW2: Nie, eigentlich nicht, das hat sich da nicht ausgewirkt, in dieser Beziehung. Das gab es nicht. Es war mal schlimm. Das wie/ weiß ich nicht jetzt, was das war. Mein Cousin, der ist allerdings zehn Jahre jünger als ich und das war damals/ ich weiß jetzt nicht/ irgendeine Entscheidung der örtlichen Behörden, dass man den Deutschen mehr Freiheit geben sollte –

Hier spricht AW1 über ihre Erfahrungen mit den anderen Kindern in Russland, die fragten, warum ihr Name so fremd sei.

> M: Wurde es [der Gebrauch von deutschen Namen] unterdrückt?
>
> AW1: Nicht unterdrückt. Das war kein Thema, gar kein Thema. Nur die/ die Mitschüler haben mich ganz leise gefragt: »bist Du Deutsche?« oder »warum hast Du so einen komischen deutschen Namen?« oder »Dein Vater heißt Otto, was heißt das? Bist Du aus Deutschland?« Dann sagte ich »nein, nein ich bin hier in Russland geboren.« Und sie fragten »warum Du sprichst akzentfreies Russisch« und solche Sachen ja. Sie konnten das nicht begreifen, wie – mhm – wie das sein könnte

CW2 erzählt von sehr ähnlichen Erfahrungen.

> CW2: Ja, ja sicher – also in Russland hat man mich gefragt:/ »du heißt doch so komisch«, »wer – was bist Du denn?« Ich sage »Deutsch« und sie fragen:, »warum lebst Du nicht in Deutschland?, warum lebst Du hier?« Dann wollte ich mal erklären, warum und weshalb – [...] – Ja – dann hat sie sich gewundert und gesagt »Wir haben nicht gewusst, dass hier irgendwie so – Deutsche bei uns schon so lange gelebt haben«

Wenn AW1 von ihren Versuchen in die DDR zu fahren spricht, sagt sie was passiert ist, sie schimpft dabei aber nie über die sowjetischen Behörden. Ihre Enttäuschung über das unangenehme Verfahren gegen die Deutschstämmigen treten jedoch deutlich zutage.

> AW1: Meine Unterlagen wurden immer abgelehnt. Nach Ungarn ja, nach Bulgarien ja, aber nach Deutschland nicht, weil ich Deutsche war/ weil die hatten Angst, dass, was weiß ich –

AW1 spricht unten von der Situation, dass gewisse Arbeitsstellen für Deutschstämmige verboten waren. In diesem Ausschnitt sehen wir aber auch, wie die Befragen manchmal auch positive Einstellungen der Sowjetunion gegenüber demonstrierten. Hierfür gibt es noch ein Beispiel im Kapitel 6.3.

> AW1: [...] Es ist in Russland/ ich kann jetzt nicht sagen, dass ich in Russland gelitten habe, dass ich Deutsche war, aber trotzdem war ein bestimmter/ Ich konnte bestimmte Schritte nicht machen, im Leben. Ich konnte zum Beispiel bei der Zeitung nicht arbeiten. Ich konnte führende Positionen nicht einnehmen, weil ich eben Deutsche war und das wurde alles vom Partei-Komitee geregelt. Das waren Nomenklatura-Stellen. Da konnten nur die Russen diese Stellen nehmen, ja.

7.2 »Die Faschisten«

Wir sehen hier interessanterweise, dass sich BW1 unsicher ist, von wem sie eigentlich spricht, wenn sie sagt, dass die Deutschen Faschisten genannt wurden. »So nannte man uns« sagt sie, aber wer soll dieses »man« sein? Das anonyme Subjekt kann BW1 jedoch nicht klarer definieren, als der Moderator sie um eine genauere Definition bittet. Dass sich die Russlanddeutschen, besonders die Älteren, in der Gesellschaft zurückhielten, wird durch ein abstraktes Konzept erklärt; der »Krieg« trägt hier die Schuld. Damit vermeidet sie explizit, von den eigentlichen Verantwortlichen für diese Politik gegen die (älteren) Russlanddeutschen in der Sowjetunion zu erwähnen, die natürlich die Politiker der Sowjetunion waren, die jedoch ursprünglich auf die Politik der Nationalsozialisten im damaligen Deutschland reagiert hatten. Es ist allgemein bekannt, dass die Nationalsozialisten für den Zweiten Weltkrieg verantwortlich waren, aber die Wahl des Begriffs »Krieg« führt dazu, dass wir uns nicht gleich und direkt an diese Verantwortlichen erinnern, worunter sich die Deutschen befinden. Ich bin der Meinung, dass die Nationalsozialisten nicht ganz und gar unschuldig an dem Schicksal der Russlanddeutschen waren. Vielleicht ist diese Begriffsauswahl keine bewusste, aber es scheint schwierig, zu behaupten, dass sie keine Rolle in ihrem Unterbewusstsein spielt.

> BW1: und die Älteren – haben bis heute noch Angst offen zu sagen, dass sie Deutsche sind. Ja, es ist natürlich Nachfolge des Krieges/ also dort, alle Deutschen waren einfach Faschisten. So nannte man uns.
>
> M: Ja

BW1: Ja, so nannte man uns.

M: Wer hat das denn gesagt? Alle anderen oder bestimmte Minderheiten, die da gelebt haben?

BW1: Na ja, für die meisten, für die meisten waren wir/ waren wir/ also – die Faschisten dort.

In dem nächsten Teil kommt es so vor, als ob sie es erstaunlich findet, dass nicht nur andere Russlanddeutsche als »Faschisten« beschimpft wurden, sondern »sogar« sie so genannt wurde.

BW1: Und – sogar ich! Ich bin in Sibirien geboren [...] sie wussten, dass ich eine Deutsche bin und sie sagten, »du bist eine Faschistin«.

M: mhm, mhm.

BW1: Siehst Du?, siehst du, es war so. Na ja, diese Politik!

Es ist auch interessant, ihre Beschreibung der Probleme der Russlanddeutschen damit zu vergleichen, wie die anderen Befragten dieselben oder ähnliche Probleme beschreiben. Sie ist viel eifriger, es ganz klar zu stellen, worunter sie gelitten hat. Besonders wenn sie von dem Moderator verlangt, dass er sofort erkennt, wie schlimm die Lage war, »Siehst du?«. Es scheint ihr sehr wichtig zu sein, dass der Moderator von ihren Argumenten überzeugt ist. Wie Fowler erklärt, wird die »du«-Form so verwendet, um Solidarität mit der anderen Person, d.h. mit dem Moderator, zu schaffen (Fowler in Van Dijk, 1985: 63-64). Zweitens ist eine solche Solidarität ein kennzeichnendes Merkmal des Diskurses der »Kameradschaft« der Sowjetunion, die sehr einflussreich auf ihren Diskurs zu sein scheint. Dieses Phänomen wiederholt sich nochmals später in Bezug auf die Frage des Passes und der Nationalitäten in der Sowjetunion.

> BW1: Ich habe also immer gesagt, ich bin eine Deutsche und bleibe also eine Deutsche, obwohl ich hier also wohne. Aber, damit ich hier also an der Uni studieren konnte, dann sollte ich verschweigen, dass ich Deutsche bin. Verstehst du?

BW1 bringt deutlich die Probleme zum Ausdruck, die die Russlanddeutschen in der Sowjetunion mit Nationalität erfuhren.

> BW1: Ja und es war sogar – vieles so was – passierte, also der junge Mann oder die junge Frau mit 16 Jahren, als sie den Pass bekam, dann fragte man sie nicht – »also was willst du schreiben, willst du eine Deutsche oder willst du eine Tatarin oder noch was?«, aber man schreibte einfach »Russin«, obwohl im Antrag stand, »ich bin eine Deutsche«. Nein sie achten/ sie wollten also/ die Behörden – oder wie sagt man, naja diese Leute/ die Beamten/ sie wollten darauf nicht achten. Einfach sie/ willkürlich haben sie schon geschrieben Russin oder Russe und das war es, damit also/ für sie war es also/ für die Politik oder für das damalige/ also/ oder für die damaligen Behörden war es bequem, dass alles – also/ das ganze/ also alle Leute waren das, so wie keine Nationalitäten, obwohl also/ man wusste, es gab mehr als hundert Nationalitäten in der ehemaligen Sowjetunion.

Diese Aussage weist aber auch auf einige sehr interessante Aspekte hin. Erstens ist sie sich am Anfang gar nicht sicher, wer für diese Schwierigkeiten verantwortlich wäre. Sie zögert; erst sind es »sie«, dann »die Behörden«, dann »diese Leute« und schließlich »die Beamten«. Dann aber im nächsten Satz, werden »die Beamten« als »die Politik« benannt. Die Art und Weise, in denen sie die Situation beschreibt, betont auch, dass es ihr ganz wichtig ist, dass man »Nationalitäten« voneinander unterscheidet.

Unklarheit herrscht in Bezug auf das eigentliche Subjekt des Satzes in dem nächsten Beispiel auch, wenn sie »sie« verwendet, um das sowjetische Regime zu beschreiben. Das Pronomen »sie« weist auch auf ihre Distanz zu diesem Regime hin. Wilson entwickelte eine Skala für Pronomen, nach der der Sprecher seine Einstellungen zu dem betroffenen Subjekt der Aussage durch die Wahl des Pronomens ausdrückt, indem er sich mehr oder weniger mit ihm identifiziert (Wilson, 1990: 58). Wilsons Standardskala, in der die Identifikation des Sprechers mit dem Subjekt von links nach rechts abnimmt, sieht aus wie folgt:

0	1	2	3	4	5	6	7	8
ich	mich	dich	man	Sie	es	sie	er	sie
						3. Pers. Sing.		3. Pers. Plural

BW1: Ja, ja, weil *sie* also/ wollten nicht, damit die anderen Nationalitäten auch eine Ausbildung oder sogar Hochschulausbildung hatten.

7.3 Sie haben die Zeit in der Sowjetunion aber auch genossen

Trotz der vielen Probleme beschreiben alle Teilnehmer ihre Zeit in der Sowjetunion auch positiv und erkennen, dass es auch Sachen gab, die ihnen gefielen. AW1 beschreibt ihre Zeit in Russland besonders positiv.

> AW1: [Seufzt] Ja, ja – es ist so. In Russland ich finde/ in Russland – diese 60 Jahre Sozialismus. Das war eine Zeit, wo wir als Deutsche fast gar keine Information hatten – über – sage ich so – die Realität in der Bundesrepublik Deutschland. Erstmals hatten wir/ ich kann mich überhaupt nicht erinnern – dass wir irgendwelche Informationssendung im Fernsehen hatten – oder das, was irgendwo in Zeitschriften stand. Wir haben keine Ahnung gehabt. Wir waren nur in unserem Land, mit unseren Sachen aktiv, haben viel gemacht und *ich kann nicht sagen, dass es mir schlecht ging, damals. Nein ich habe als Kind alles schön erlebt und alles wahrgenommen und ich habe eigentlich/ ich sage nie/ niemanden/ nichts Schlimmes über Russland. Ja, ich finde, das hat was gehabt.*

7.4 Keine Geschichte der Russlanddeutschen

Zusammen mit der Politik und den Medien machte es die Ausbildung in den Schulen in der Sowjetunion nicht klar, wo die Russlanddeutschen herkamen, oder dass sie und ihre Vorfahren schon mehr als 200 Jahre in Russland gelebt hatten. Es ist schwierig, diese Schulpolitik unabhängig von den Problemen der Beschimpfungen zu sehen. Die Beschreibungen der Befragten von der Ausbildung in der ehemaligen Sowjetunion sind unterschiedlich. Für die meisten Russlanddeutschen selbst war die Sache sowieso immer klar, weil die Geschichte in der Familie erzählt wurde.

AW1 beschreibt den »deutschen Unterricht« in der Sowjetunion ähnlich wie CW2. Es ist hier wichtig zu wissen, dass AW1 in Russland wohnte, während CW2 in Kasachstan erzogen wurde.

> AW1: Ich war immer aktiv, aber ich kann mich nie erinnern, dass irgendwas über die deutsche Sprache oder deutsche Literatur oder überhaupt deutsches Volk irgendwie in irgendwelcher Form gesprochen wurde. Es war einfach nicht der Fall, das heißt, die haben ganz andere Sachen gemacht.

CW1 und CW2 sind bezüglich dieses Themas miteinander nicht einverstanden. Man bemerkt auch, dass sie bereit sind, es ganz offen und lebendig zu diskutieren.

> CW2: Ja, das war so, aber das war kein Verbindung zu uns geschaffen – das heißt es hieß: – das waren irgendwelche Kolonisten, die vor 200 Jahren während Katharina II oder Katharina I gekommen sind – darum ging es in diesen Büchern über die, aber diese Verbindungen/ diese Brücken zu uns, dass eigentlich wir Nachkommen von diesen Kolonisten –

> CW1: das kannte jede Familie!

> CW2: Ja bei dir, aber in der Geschichte in der Schule, zum Beispiel in Russland sind drei Russlanddeutsche in meiner zehnten und elften Klasse gehabt haben, haben sie davon

nichts gewusst, das da irgendwo im Saratow-Gebiet oder in Novosibirk oder in Kasachstan oder in Kirgisien Nachkommen von diesen Kolonisten sein können, die bei Katharina gekommen sind/ es war vielleicht ein Satz – im Geschichtsbuch, dass da bei Katharina II die Kolonisten aus Deutschland nach Russland gereist sind, aber in der modernen Geschichte – die 20. Jahrhunderts war da kein Wort, dass diese Kolonisten noch immer weiter waren – also, dass diese Nachkommen von diesen Kolonisten – weiter da wohnen oder über diesen Erlass, dass die Deutschen umgesiedelt waren – war das in der Geschichte irgendwie so ein Thema?

CW2 fügt hinzu:

CW2: das war nie ein Thema, das war nur ein Satz, nur ein Satz – und vielleicht erwähnt auch in Museen vielleicht und das war es, genau so wie hier auch – eventuell im Geschichtsbuch gibt's noch einen Satz.

8 Interpretation der Geschichte: Die Zeit in Deutschland

8.1 Deutschland – Der Staat

Es ist ein Phänomen unter den Russlanddeutschen, besonders Ende der 80er Jahre und Anfang der 90er, dass Deutschland, wie es ist, ganz unterschiedlich zu ihren Erwartungen ist/war. Die Volkslieder, die manche sangen, werden in Deutschland kaum noch gesungen. Außerdem ist die deutsche Politik natürlich ganz anders als die der alten Sowjetunion. Man bemerkt hier wieder mehr Ähnlichkeiten in den Beschreibungen Deutschlands und des deutschen Staates von AW1, AW2, CW1 und CW2 als in den Beschreibungen von BW1. Sie erwähnen alle Schwierigkeiten und geben zu, dass sie Zeit brauchten, die Regeln des Alltags in dem neuen Deutschland zu lernen. Der größte Unterschied ist wieder, dass BW1 mehr als die anderen den Ernst der Probleme für die Russlanddeutschen in Deutschland betont.

AW1 redet über die Kultur in Deutschland.

> AW1: Ich denke, das ist das Schlimmste, weil die Deutschen, die aus Russland kommen, sehen hier in Deutschland ganz anderes Land und ganz andere Traditionen und

irgendwie/ das, was in Russland vielleicht aufrechtgehalten ist, ist überhaupt nicht mehr in Deutschland da.

AW1: Ich denke, dass in Deutschland ist das nicht so wie in Russland. Ich meine jetzt in Deutschland sind sie so unabhängig von einander, gibt's keine große Nachbarschaft, Freundschaft, was weiß ich – und ich denke, dass hier/ mein Bruder zum Beispiel – hat so eigenes Haus.

CW1 bewertet die Behörden nicht so negativ wie BW1 und behauptet, dass es auf die Person selber ankommt, ihre Wünsche klarzustellen. Die Antwort von BW1 steht unten.

CW1: [...] Wenn ein Mensch kommt zu den Behörden und hat keine Ahnung, was er will, kann es nicht zum Ausdruck bringen, dann hat er natürlich Frust und ist auch mit dem Gedanken frustriert, aber das ist nicht was von ihm verlangt wird, sondern umgekehrt/ aber man kann deutlich sagen, »Bitte, erklären« und kann man – vermutlich etwas erreichen.

AW2 spricht auch positiv von den Behörden.

M: Wie findest du die Behörden?

AW2: Je nachdem wo, wenn ich meine Rentenversicherung [kleines Lachen] da Fragen habe, bei der BFA natürlich, bei den Krankenkassen natürlich sind sie sehr hilfreich, aber eigentlich schon, ja – ja eigentlich schon. Ich hatte nie Unverständnis.

In dem nächsten Ausschnitt personifiziert CW1 Deutschland. Sie demonstriert Enttäuschung der Regierung gegenüber. Sie ist sauer auf die Politik und verlangt ein selbständiges Deutschland.

> CW1: Und mhm/ sagen wir so – ich habe irgendwie eine negative Einstellung von dem, dass *Deutschland*/ sagen wir so – Zweiter Weltkrieg als die Zonen verteilt waren, zwischen Frankreich, England und Amerika/ dass *Deutschland* unter dem Einfluss steht und sich/ sagen wir so/ das selbstbewusst die Regierung gestaltet hat, habe ich so das Gefühl/ und ob *Deutschland* einen großen Einfluss auf die Politik hat,

In ihrer Antwort auf Frage 9, die um den Inhalt der Ausbildung in den Schulen in Deutschland geht, gibt BW1 wieder ihre Meinung zu den Behörden. Die Antwort beantwortet die eigentliche Frage aber nicht. Sie zögert auch viel. In diesem Fall könnte man dies interpretieren, dass sie eigentlich nicht genau weiß, was sie sagen will.

> BW1: Ja Und hier in Hessen, ja, du hast recht. Und hier – das ist auch also/ Warum/ warum benehmen sich oder – warum verhalten sich? warum verhalten sich die Behörden zu uns so

Sie zögert auch viel in dem nächsten Beispiel.

> BW1: Ja aber die Kinder, die also/ diese in dem Alter – die sechste Klasse, die siebte und ältere/ die fühlen sich/ können nicht so gut Deutsch – noch sprechen – und die fühlen sich/ und die Kinder,

Sie ist sehr eifrig, von ihren eigenen Leistungen zu reden. »Afrika« taucht auch in der Konversation auf. Wir werden weiter unten wieder darauf zurückkommen.

> M: Wie findest du Leute in Behörden? Findest du sie hilfreich?

> BW1: Nicht alle/ nicht alle, aber also / und jetzt sind/ jetzt sind/ unsere Organisation, Landmannschaft der Deutsche aus Russland – jetzt zum Beispiel/ ich bin im Kontakt zum Beispiel zum Oberbürgermeister und dem habe ich gesagt, Herr Lewandowski Sie müssen das also/ zu unseren Deutschen [??] also mit ihren Behörden sprechen, freundlicher mit uns zu sein/ sind also die dort, die Behörden/ wenn man/ *wenn man aus Afrika kommt*, der spricht aber auch nicht gut Deutsch – aber etwas mehr/ jetzt/ früher waren das zwei Töpfchen für Ausländer oder Spätaussiedler oder für Aussiedler gewesen. Jetzt haben wir einen Topf – und die Gelder kommen aus einem Topf.

In dem nächsten Beispiel qualifiziert sie ihre Meinung dadurch, dass es nur ihre Meinung ist.

> BW1: das ist auch Sparungspolitik [sic] – also jetzt haben wir einen Topf – und die Gelde kommen aus einem Topf für die Integration, das finde ich auch falsch, also für uns/ für unsere Leute/ vielleicht – das ist meine persönliche Meinung – persönlich –

Sie behauptet, dass ihre eigene Meinung richtig sei, weil eine andere Person, ein Politiker, mit ihr einverstanden sei.

> BW1: Ja, ja und in diesem Sinne gibt es immer mit jedem Jahr immer weniger und weniger Mittel. Das finde ich auch schlecht und darüber spreche ich überall und mit – *Herr Lewandowski ist mit mir einverstanden* –

Kurz danach beginnt sie wieder von ihren eigenen Leistungen zu erzählen. Es scheint ihr sehr wichtig zu sein, dass der Moderator diese Sachen erfährt.

> BW1: und darum bemühe ich mich hier schon/ also wenn Du –
>
> M: Ja
>
> BW1: mein Kärtchen schon gesehen hast – für/ Netzwerke zu bauen, um den jungen Leuten, also zu helfen – um sich zu integrieren/ aber also/ aber erstens die Integration beginnt durch die Sprache. Wenn man Deutsch nicht spricht – na dann also/ ja/ ja kann man natürlich aber irgendwo arbeiten, wo man nicht –

8.2 Ausbildung: Ein Schritt auf dem Weg zu Integration und Akzeptanz in Deutschland?

In diesem Kapitel geht es um das Lehren der Geschichte der Russlanddeutschen in Deutschland. Bisher existiert das kaum in Deutschland, was zu der Frage führen könnte, ob sich Probleme der Russlanddeutschen, die sie bereits in der Sowjetunion erfahren mussten, wiederholen könnten. Die Befragten verwenden denselben jeweiligen Diskurs bei dieser Frage, den sie oben bei den anderen Themen verwendeten.

AW1 ist der Meinung, dass keine politische Motivation für die Einführung einer speziellen Geschichtsstunde über die Russlanddeutschen in der Schule besteht und deswegen wird es eine solche Stunde auch nicht geben. Ihr Argument ist dem von CW1 und CW2 sehr ähnlich, deren Meinungen unten zu lesen sind.

> M: aber jetzt Kinder in der Schule in Deutschland. Sie lernen die Geschichte der Russlanddeutschen/

> AW1: Nein, nein, das interessiert kein Mensch, das ist ein anderes Gebiet. Ich kenne, zum Beispiel, in Kassel Doktor Professor Zeus [??] beschäftigt sich mit diesem/ dem Thema, oder Elizabeth Jansa, sie hat auch eine Diplomarbeit – auch mit Russlanddeutschen Thema geschrieben. Einige, die sich richtig mit dem Thema beschäftigen, aber sonst – ich würde sagen – Es interessiert vielleicht schon/ meine Eltern zum Beispiel, sie haben immer eine Zeitschrift bestellt, Volk auf dem Weg?, ja

Im Fall der Russlanddeutschen kann man auch fragen, ob das Lehren der Geschichte der Russlanddeutschen zu besseren Verständnissen zwischen »Deutschlanddeutschen« und »Russlanddeutschen« führen würde. Die Kinder werden sowieso zusammen aufwachsen und beide Gruppen werden gleich gut Deutsch sprechen können. AW1 deutet unten auf diesen Aspekt hin.

> M: Nie und auch – wenn so – die Kinder, also russlanddeutsche Kinder, auf der Straße, so wie ihr früher mal gesagt habt, dann einfach als Russen beschimpft?
>
> AW2: werden schon.
>
> AW1: Erstmal lernen die Kinder so schnell Deutsch, dass nach ein paar Jahren nicht mehr/ keine Russen mehr. Sie sprechen kein Russisch dann.
>
> AW2: Nicht alle
>
> AW1: Nicht alle, aber sage ich so, kleine Kinder, sie lernen/ sie lernen unheimlich schnell

Wie bei vielen anderen Fragen beginnt die Antwort von BW1 zu dieser Frage mit einem Thema, das die eigentliche Frage nicht beantwortet, in diesem Fall spricht sie über die Behörden. Wir lassen den Anfang ihrer Antwort hier aus und schauen ihre Meinungen zu Ausbildung in Deutschland bezüglich der Russlanddeutschen an. Ihre Antwort erwähnt zunächst nicht das Lehren der Geschichte der Russlanddeutschen in deutschen Schulen, sie hat wieder viel mehr mit ihrer eigenen politischen Agenda zu tun. Die Kinder, über die sie spricht, sind auch offensichtlich russisch aufgewachsene Kinder.

> BW1: Ja aber die Kinder, die also/ diese in dem Alter – die sechste Klasse, die siebte und ältere/ die fühlen sich/ können nicht so gut Deutsch – noch sprechen – und die fühlen sich/ und die Kinder, die einheimischen Kinder/ oder von den einheimischen Kindern haben sie naja – kein Respekt, weil sie nicht gut Deutsch sprechen und in den Schulen und also das Lernen

In Bezug auf einen Unterricht der Geschichte der Russlanddeutschen in Deutschland ist es BW1 wieder sehr wichtig zu betonen, dass sie große Probleme haben. Sie stellt klar, dass sie glaubt, dass das Lehren der Geschichte der Russlanddeutschen in deutschen Schulen zu besseren Verständnissen zwischen Deutschlanddeutschen und Russlanddeutschen führen könnte. Versucht sie auch die Probleme der Russlanddeutschen mit denen der Juden zu vergleichen?

> BW1: Sie sollen auch also – wie die Geschichte na ja – zum Beispiel – der Juden hat man schon.

> M: Ja

> BW1: Obwohl das ist auch ja eine/ eine große Frage – aber trotzdem/ aber so ist das/ man muss das natürlich/ man muss das wissen und wird es/ dann wird es/ natürlich haben wir noch große Probleme

CW1 und CW2 sehen, dass die stärkere Behandlung der russlanddeutschen Geschichte in der Schule nützlich wäre. Sie bezweifeln jedoch, dass es überhaupt durchsetzbar sein könnte. Hier sehen sie politische Institutionen etwas skeptisch. Die Aussagen von CW1 und CW2 sind der von AW1 sehr ähnlich

> CW1: Wer profitiert davon? Wer will was erreichen dann? Die Frage stellt sich ja. Was soll jetzt die deutsche Regierung machen? Einerseits haben wir solche Arbeitsstellen wie unsere – muss dazu bringen, dass irgendwie sich verschmelzt, dass irgendwie keine Beleidigungen da sind, dass das Zusammenleben irgendwie erträglicher sein soll. Das wird gemacht, aber was man kann auf einer politischen Ebene machen? Wir haben hunderte Gesetze, die überhaupt nicht in der Praxis/ umgesetzt – können, ja

> M: Ich meine so Ausbildung in der Schule so –

> CW1: Ja, aber dazu muss man auf gesamten Ebene – Interesse zeigen, ja – dass man das durchsetzt/ das muss irgendwer in die Hände nehmen und das beibringen, ja.

CW2 sieht die Situation wie CW1.

> CW2: Ja, sagen wir so, das zu thematisieren – oder das im Unterricht – das als Pflichtfach zu machen – in dem Geschichtsunterricht, ein Thema – das ist schwierig, weil es ist so – es hängt vom Bedarf ab.

CW2 führt das Argument ein, dass die Russlanddeutschen nicht auffallen wollen. Unten bezieht sich das »Wir« auf eine allgemeine Gruppe von jüngeren Russlanddeutschen, die sich selbst eher als Deutsche denn als Russlanddeutsche sehen. Im Kontext des Interviews wird deutlich, dass sie sich selbst an diese Gruppe ausdrücklich nicht anschließen will.

> CW2: »wir wollen nicht thematisiert worden, wir wollen so bleiben, und dass wir nicht so ausfallen, wir sind schon länger in Deutschland, wir sind keine Russlanddeutschen, wir sind schon Deutsch.«

CW2 erwähnt auch von den praktischen Schwierigkeiten eines solchen Unterrichts.

> CW2: mhm, mhm. Ich verstehe das ja, das ist so, aber sagen wir so, wenn das im Programm für die Schulen richtig – als Thema – einführt – für eine gewisse Stundenzahl und so weiter. Das ist nicht einfach/ wieder in Deutschland, weil unser Bildungssystem so funktioniert auch, dass man nicht so viel Stoff daraufpacken kann, dass man auch/ so begrenzt und so weiter – es gibt viele interessante Themen –

8.3 Demokratie in Deutschland

Bezüglich der Frage der Demokratie geben AW1, AW2 und BW1 Antworten, die die klassischen Konzeptionen von Demokratie als Meinungsfreiheit vertreten und die dem Diskurs der Politiker sehr ähnlich ist. Ich will diese Position nicht kritisieren, aber man muss vorsichtig sein, es als selbständiges Denken zu interpretieren. CW1 und CW2 sind weniger davon überzeugt und weisen darauf hin, dass Demokratie schwer durchsetzbar sei.

AW2 sieht Demokratie so:

> AW2: Ja natürlich. Ich glaube schon – *diese Meinungsfreiheit, das ist schon sehr wichtig, das ist auch wichtig für die Demokratie.*

Ich denke mal, wo jede Seite so offen und ehrlich so – einander ansprechen kann und wo jeder das sagen darf oder kann das, was er denkt und nicht na ja – was glaubt? *was passiert jetzt, wenn ich das sage?* Da hat man ja immer/ und da könnte man immer und ganz schnell, na ja so ein Verbrecher werden.

BW1 kann kaum begründen, warum sie Demokratie eigentlich gut findet.

M: was hältst von Demokratie in Deutschland?

BW1: Na ja [Lachen] – Demokratie, ja das ist wirklich – Demokratie/ ein demokratischer Staat – ja/ *ich kann also sagen, was ich will – ja/ es ist doch gut – mhm – na ja –* Ich vergleiche aber immer Demokratie mit unserer Demokratie – das heißt also in Kirgistan oder in Russland.

In dem nächsten Abschnitt sehen wir die Personifizierung der Demokratie und CW1 kritisiert auch die Behauptung von Politikern, dass Demokratie so wichtig sei.

CW1: Und mit der Abstimmung, jetzt im Parlament im September über die Gesundheitsreform in der kommenden Zeit/ unter welchem Druck werden die Parlamentarier, die sich gegen die Reformen gewehrt haben, ja. Das war offen im Fernsehen/ hat man gezeigt/ die Leute [??] – haben da versucht, die Öffentlichkeit aufmerksam zu machen., dass bei der Abstimmung/ demokratische Abstimmung überhaupt nicht ging/ sie waren so unter Druck gesetzt. Das bedeutet, das ging nach dem Motto »wer nicht mit uns ist, ist gegen uns« und das hat mit Demokratie nichts zu tun. Wenn man auf der parlamentarischen Ebene, das erlebt hat [...]. Das bedeutet, wie kann man erwarten, dass die Demokratie irgendwie da siegt? In einfachen Verhältnissen? – ja. Kann man vergessen [??] der Mensch [??] geschmiert [??] und er wird erzogen mit dem Gedanken, er lebt im demokratischen Land, wird er sich keine großen Gedanken machen, ob es ein Mal stirbt, aber mit so Gedanke »ach gut, das war's, die Demokratie«, aber tatsächlich ist das alles [??] jedes Land hat das bewiesen, man kriegt nicht nur Wohlstand.

Vergleiche zwischen der Sowjetunion und Deutschland gibt es viele in den Diskursen aller Teilnehmer. Sie sind aber ganz verschieden.

CW1: wenn man das vergleicht jetzt die Verhältnisse in Deutschland oder Russland, [...] dann kann man klar sagen, in Russland war es eine Diktatur, der Kommunismus [...] und das bedeutet dann/ war klar und deutlich/ dann könnte man eigene Meinung nicht äußern, im Vergleich/ in Deutschland – ihr könnt eure eigene Meinung in Zeitungen, in Fernsehen überall äußern, aber was bringt das ja am Ende? Ist dasselbe Ergebnis, im Grunde genommen.

M: Mhm.

CW1: Nur beim Kommunismus hat man die Befürchtung gehabt, wenn man/ offensichtlich sich irgendwo ausspricht, gegen die/ sagen wir so, gegen die staatliche Regierung oder gegen einzelne Personen, dann kommt man ins Gefängnis/ in Deutschland hat man sich ausgesprochen/ es geht Dir jetzt besser/ Gut!/ das Leben geht trotzdem weiter, ja.

In diesem Zusammenhang kritisiert CW2 die bundesdeutsche Rechtswirklichkeit:

> CW2: Es gibt in Deutschland nichts, was nichts kostet, wenn man so eigene Rechte hat. Hier kann man zu eigenen Rechten kommen, nur mit Hilfe des Geldes, sei es Anwalt, sei es Unterricht und so weiter, es kostet alles Geld.

CW2 spricht weiter von ihrer Wahrnehmung der Nachteile eines kapitalistischen Systems und kritisiert dieses:

> CW2: Ich verstehe das nicht und viele nutzen das aus/ – wissen, dass der Mensch hundert Mal überlebt, oder über auf sich einlegt und überhaupt [??] verschluckt das und so – das ist leider so.

8.4 Die soziale Marktwirtschaft

Zu der sozialen Marktwirtschaft in Deutschland haben alle Interviewten unterschiedliche Einstellungen. AW2 hat kein Interesse an wirtschaftlichen Themen und beantwortet die Frage nicht wegen mangelnder Kenntnisse des Themas. BW1 demonstriert, dass sie eigentlich nicht versteht, was der Begriff richtig bedeutet. Sie beantwortet die Frage trotzdem. Hier ist es interessant, ihre Antwort sowohl mit der von AW2 als auch mit der von CW2 zu vergleichen, weil AW2 die Frage nicht beantwortet, weil sie meint, dass sie das Thema nicht verstehe. Auf der anderen Seite überprüft CW2 erstens, ob ihr Verständnis des Begriffs richtig sei, bevor sie weitergeht. CW1 und CW2 betonen, dass soziale Marktwirtschaft nur schwer durchsetzbar sei.

In Bezug auf die Wirtschaft spricht AW1 in einer widersprüchlichen Weise. Einerseits könne man viel erreichen, solange man weiß was man will, andererseits sei die Arbeitslosigkeit in Deutschland so hoch, weil es keine Arbeitsmöglichkeiten gäbe, da alles schon »besitzt« sei.

> AW1: Das war schon so ja, das war stark geregelt und hier in Deutschland habe ich das Gefühl, hier ist alles viel freier, muss man nur fleißig sein, muss man nur wissen, was man will, kann man eigentlich viel erreichen. Mhm, ja wenn man Glück hat auch, weil hier sind andere Probleme. Die Arbeitslosigkeit und diese geografische Lage, weil Deutschland so klein ist. In Russland waren so/ wirklich die Möglichkeit von so –
>
> M: Im Vergleich zu Russland?
>
> AW1: Genau, überall zu fahren und da hatte man das Gefühl, hier gibt's viele Chancen, was zu finden. In Deutschland wissen wir alle, sie sind kleine Gebiete und alles ist besitzt. Kommt kein Wunder, wenn keine Arbeitsplätze da sind. Dann, was sollen wir machen? Das ist jetzt wieder was anderes, finde ich.

AW2 gibt die folgende Antwort.

> M: Was haltet ihr von der sozialen Marktwirtschaft in den letzten 50 Jahren?
>
> AW2: Ja, das kann ich nicht beurteilen, also habe ich mich auch dafür zu wenig interessiert

Sozialstaat und soziale Marktwirtschaft sind ganz unterschiedliche Sachen, wobei der Sozialstaat einen Teil der Mechanismen einer sozialen Marktwirtschaft bildet. Die Aussage von BW1 kann man mit der von CW2 gut vergleichen, weil letztere erst eine soziale Marktwirtschaft richtig beschreibt und dann die Frage nach ihrer Einstellung zur sozialen Marktwirtschaft beantwortet.

> M: Und aber auch – soziale Marktwirtschaft in Deutschland das auch – im Vergleich zum/
>
> BW1: Ja, Sozialstaat.
>
> M: Du hast ja früher mal von dem Sozialstaat erwähnt.
>
> BW1: Ja, natürlich, wir fühlen, dass wir also – im Sozialstaat wohnen, jetzt – also ich habe/ [...] ja natürlich ist die Politik von Schröder – also muss man sparen, sparen, sparen – natürlich ist das also schlimm schon/ also die Leute, die schon früher gekommen sind – sie sagen/ sogar wir vor – vier Jahre zurück war es viel besser – hier – also/ alles war – sozusagen – viel billiger. Dieser Korb, Lebensmittelkorb –

Die Verwendung des Pronomens »wir« in dem nächsten Beispiel schlägt vor, dass der Moderator mit ihr einverstanden sei und ist auch gleichzeitig ein Versuch, ihn von ihrem Argument zu überzeugen, auf Basis der Solidarität.

> BW1: das können wir ganz auch also – betonen, ja – also etwas ist nicht in Ordnung – hier.

CW2 dagegen sieht es so:

> CW2: so/ Sozialmarktwirtschaft/ mhm, ja/ eine schwierige Sache zu verbinden soziale Dienste und Marktwirtschaft, ja/ für die Deutschen das heißt/ [...] dass die Marktwirtschaft sich so entwickelt, dass der Staat, der die Marktwirtschaft unterstützt und profitiert davon / dass soziale Gerechtigkeit herrscht. Habe ich richtig verstanden?

8.5 Agenda 2010

Obwohl es keine direkte Frage zu der Agenda 2010 in den Interviews gab, hatten CW1 und CW2 viel dazu zu sagen, als sie die Fragen zu sozialer Marktwirtschaft und Demokratie beantworteten.

CW2 behauptet bei der Diskussion der Agenda 2010, dass es auf alle Menschen und nicht nur auf Politiker ankommt, dass die Reformen erfolgreich sind. Ihr Kommentar, dass die Menschen »selber ... aktiv werden« müssen und »an die Barrikaden gehen« sollen, erinnert daran, dass sie den Zerfall der Sowjetunion erlebte, wobei die »normalen Menschen« und nicht die Politiker das Endergebnis einer enormen politischen Transformation durchsetzten.

> CW2: Das zeigt schon, dass wenn nichts passiert, wenn die Leute selber nicht verstehen und selber irgendwie versuchen – entsprechende Wissenschaftler, entsprechende Politiker oder entsprechende Wirtschaftler oder einfache Arbeiter, die – davon was verstehen/ zu – von diesen Leuten zu profitieren und klammert man nur an die Politiker, die sich schon ausgedient haben und sowieso nicht neues gemacht haben und nur Probleme geschafft haben. Dann ist es/ wenn die Menschen selber nicht verstehen, wenn die Menschen selber – wie sagt man – aktiv werden und selber an die Barrikaden gehen, das kommt nicht in Frage, aber so aktiver werden, dann wird es so weiterlaufen

In dem Abschnitt bemerkt man, wie CW2 die Deutschen als kein »Reformvolk« bezeichnet. AW1 behauptet das gleiche auch. Es ist nicht auszuschließen, dass diese Beschreibung stark von der Interpretation der Politik in Deutschland in den Medien beeinflusst wurde.

> CW2: Wenn jemand sagt: Ich gehe nicht stimmen – meine Stimme werde ich nicht abgeben, weil ich meine – sowieso nicht, dann macht er/ denke ich, für sich selbst macht er nichts Gutes, dann gibt er seine Stimme so oder so/ deswegen muss man anfangen bei sich selbst – nicht eigentlich auf die Politiker anfangen, sondern bei sich selbst anfangen, aber das ist schwierig und die Deutschen sind nicht kein Reformvolk. Sie mögen keine Reformen. [Lachen] Man hat schon mal versucht, Reformen durchzuboxen, seit langem. Man spricht über Reformen seit 50 Jahren schon, aber kommt nie eine normale Reform raus. Das ist so.

Der Ausschnitt oben weist auch stark auf Ähnlichkeiten zu dem Diskurs der Bundesregierung in Bezug auf Agenda 2010:

> Hat die Agenda 2010 eigentlich einen roten Faden?
>
> Ja – der rote Faden heißt: Mehr Eigenverantwortung für die Menschen, Mobilisierung der schöpferischen und wirtschaftlichen Potentiale des Landes. Dazu wird der Staat die Menschen stärken, indem er ihnen durch die Steuerreform mehr von ihrem Arbeitseinkommen lässt. Mittelstand und Wirtschaft profitieren vom Abbau bürokratischer Hemnisse. Und auch die Gemeinden werden entlastet, damit sie mehr für ihre Bürgerinnen und Bürger tun können. Zugleich bedeutet diese Politik aber auch mehr Eigenleistung, zum Beispiel im Gesundheitswesen.
>
> (http://www.bundesregierung.de/artikel,-498869/Die-haeufigsten-Fragen-zur-Age.htm)

CW1 demonstriert eine sehr negative Einschätzung von Deutschland bzw. westlichen politischen Systemen. Das von ihr vorhergesagte, schreckliche Ende des deutschen Staates scheint stark von ihrer Zeit in der UdSSR und von deren Geschichte beeinflusst zu werden.

> CW1: Das war bis zum 80er Jahren – irgendwie – einigermaßen alles geregelt und dann kam es zu Zusammenbruch und jetzt ist alles irgendwie privatisiert und Deutschland erlebt jetzt mit/ 15 Jahre später dasselbe. Das Geld reicht nicht vorn und hinten und muss man was machen und dann stellt sich die Frage, ob der Unterschied Weise beim Kommunismus und beim Kapitalismus jetzt in Deutschland, war es so drastisch oder war es ähnlich? Richtung war ähnlich ja und das Ergebnis ist dasselbe: Zusammenbruch.

CW1 ist auch bereit, ihr Argument zu erklären und zu begründen.

> CW1: Das bedeutet, ein Mensch muss mit 243 € im Monat auskommen und der andere bekommt 700 € für einen Tag – dann sieht, wie die Arbeit/ sagen wir/ ein Arbeiter auf einem Bau beschäftigt sich/ bekommt sechs € pro Stunde

Eine Idee, die vermutlich von ihrer Zeit in der Sowjetunion beeinflusst wurde:

> CW1: Nein, jeder Arbeiter entsprechende Gelde. Ich verlange, dass die Arbeit von einem Arbeiter vom Bau und die Arbeit von einem Politiker auf ein Niveau gestellt werden und ein Stundensatz.

CW1 möchte hier Kenntnisse von Statistiken bezüglich Rentenversicherung von Parlamentariern und von normalen

Arbeitern behaupten. Die unten angegebene Zahlen widerprechen allerdings den in einigen anderen Zeitschriften und Zeitungsartikeln angegeben Zahlen[11]. Wegen ihrer eigenen Arbeit ist sie fähig, von den persönlichen Erfahrungen der Arbeitslosen in Deutschland zu erzählen.

> CW1: [...] aber verhältnismäßig muss man auch irgendwie in der Realität bleiben oder vor vier Jahren sogar, zum Beispiel in der Politik bekommt man über 4 000 € // als Parlamentarier/ [...] ja also 300 Jahre muss der durchschnittliche Arbeiter arbeiten, dass er dieselbe Rente hat, wie ein Politiker nach vier Jahren im Parlament.

8.6 BW1

In dem nächsten Beispiel sehen wir, wie BW1 auf die eigentliche Frage nicht wartet.

> M: Kann ich dir ein paar Fragen über die/ zu deinen Meinungen über die politische Situation in Deutschland stellen?

> BW1: Na ja, also ehrlich gesagt, kann man das nicht vergleichen, was wir dort hatten und jetzt haben. Ich meine materiell, also dort hatten wir keine sozusagen/ überhaupt Versicherungen

---

11 Siehe: *Diäten: Altersversorgung für Politiker soll reformiert werden* unter: http://www.stern.de/wirtschaft/versicherung/versicherungstipps/527555.html oder: *Zusätzliche Rente für Ost-Abgeordnete* unter: http://www.berlinonline.de/berliner-zeitung/archiv/.bin/dump.fcgi/1995/0623/lokales/0059/

Sie betont wieder, worunter sie gelitten hat:

> BW1: Ich habe nicht nur 40 Stunden pro Woche gearbeitet, sondern alle 100 Stunden pro Woche gearbeitet, immer gearbeitet –

Sie schlägt dann vor, dass die Menschen in einem Land viel arbeiten könnten. Sind die Deutschen faul?

> BW1: und daran sind gewöhnt, viel zu machen, viel zu tun, viel zu arbeiten und für Deutschland ist das ganz also – ungewöhnlich. Wie kann ich das kostenlos – also ehrenamtlich alles machen?

Schon wieder beantwortet sie die eigentliche Frage nicht. Sie spricht vom Sozialstaat, aber ihre Aussage bezieht sich auf Deutschland, nicht auf Europa. Sie bringt dann die Politik der Russlanddeutschen wieder in den Vordergrund, obwohl die Frage nicht darum ging. Sie verbindet sie auch gar nicht mit dem Inhalt der Frage, der um die EU geht.

> M: Ist es dir wichtig, dass Deutschland eine große Rolle in der EU spielt?[12]

> BW1: Na ja, ja natürlich und sind also/ Ich meine – die Verhältnisse zum Leben sind/ es ist wirklich Sozialstaat.

> M: Ja

> BW1: und das hilft also unseren Leuten – auch also in/ in den ersten Jahren/ aber unsere Leute – wenn sie sich inte-

---

12 Die Fragestellung ist eigentlich ein Fehler des Autors, weil sie die Antwort schon vorschlägt.

griert haben – dann sind sie natürlich im Vergleich zu jenen Zeiten/ sind sie sehr glücklich und sehr reich –

M: Ja –

BW1: Eine solche Wohnung zum Beispiel zu bekommen/ also zu kriegen – es war dort unmöglich ja – oder möglich, wenn man viel Geld hatte

Themawechsel, die Frage ging um Deutschland, aber sie erzählt ihre eigene Geschichte wieder, die wieder wenig mit der Frage zu tun hat.

BW1: Ja, jetzt. *Also dort ist keine Demokratie, nur Anarchie, das also/ in Kirgistan und in Russland,* aber hier ist doch Demokratie – ja – wenn ich also/ man muss nur seine Rechte und seine Pflichten ganz genau wissen – sonst ist das also/ ist alles OK. Bei uns in Kirgistan ist keine Demokratie, obwohl man sagt immer – und man schreibt überall – *und ich habe keine Angst – also davon zu sprechen/* also das ist eine Insel der Demokratie/ Nein/ das ist nur auf den Wörter/ oder in Worten/ also in der Tat ist das nicht so. Nur die Clane oder diese zum Beispiel Herr Kay [??] und seine Verwandten, Bekannte und liebe Freunde, aber nicht das Volk.

9 Die »Wir«-Gruppe

9.1 Die Bedeutung und Relevanz einer gemeinsamen »Wir«-Gruppe

Das nächste Kapitel behandelt die Frage, mit welcher Gruppe sich die Befragten als Deutsche aus Russland jetzt in Deutschland identifizieren. In diesem Kapital lohnt es sich, den Terminus der »Wir«-Gruppe genau zu definieren.

Identität bedingt ein Verhältnis zwischen zwei oder mehr Wesen in einer Art und Weise, in der Gleichheit und gleiche Gültigkeit unter diesen Wesen erforderlich ist. Die theoretische Basis der Konstruktion nationaler Identität in dieser Studie, die sich an Wodak et al. anlehnt, geht auf die philosophischen Arbeiten Ricœurs zurück (Ricœur, 1992 in Wodak et al., 1999: 11-15). Ricœur beschreibt zwei intuitive Komponenten von Identität als Selbigkeit (im Gegensatz zu Identität als Selbstheit), nämlich numerische Identität und qualitative Identität, d.h. im Prinzip, dass zwei oder mehr Wesen bestehen (numerische Identität), die einander so ähnlich sind, dass man das eine durch das andere ersetzen könnte, ohne einen Unterschied zu bemerken (qualitative Identität). Im spezifischen Zusammenhang einer nationalen Identität bedeutet das, dass die Mitglieder einer Nation gleiche Einstellungen im Bezug auf Außengruppen sowie gemeinsame oder ähnliche Verhaltensmuster, einschließlich inklusiver, solidaritätsorientierter und exklusiver, unterscheidender Muster auf ihrer mentalen Ebene und der Ebene der Emotionen und des Glaubens haben, die sie durch ihre vom Staat, Politikern, Institutionen, den Medien und sozialen Alltagsgewohnheiten dominierte Sozialisation erlernt haben.

Vom besonderen Interesse für diese Arbeit ist jedoch die dritte genannte Komponente von Identität, »ununterbrochene Kontinuität«, die zwischen der ersten (Geburt) und letzten Etappe (Tod) eines Individuums steht. Die deutlich unterschiedlichen Persönlichkeiten eines Individuum erhalten so eine verbindende Kontinuität, eine einzelne Identität. Ein Baby und der gleiche Mensch mehrere Jahrzehnte später sind zwei völlig unterschiedliche Persönlichkeiten, da der Erwachsene durch seine lebenslange Erfahrung geprägt und verändert wurde, aber sie bleiben doch ein und derselbe Mensch. In diesem Fall schlägt Ricœur vor, dass Gleichheit (qualitative Identität) durch ununterbrochene Kontinuität ersetzt werden darf. Der nächste Schritt ist es, jede kleine Veränderung auf dem Weg zu dieser Verwandlung des Wesens wegen Wachstum und Altern in Betracht zu ziehen und ihre Einflüsse zu bedenken. Im Fall dieser Arbeit können wir die Entwicklung deutscher Kultur und Identität über die Jahren der Deutschen in der Sowjetunion hinweg wie eine solche Verwandlung beobachten. Die deutsche Identität dieser Russlanddeutschen kann man also Schritt für Schritt nachvollziehen und analysieren.

In Bezug darauf, wie sich die besondere Identität eines Individuums (Selbstheit) auf die Identität der Selbigkeit bezieht, führt Ricœur den Begriff der »narrativen Identität« ein, dem trotz der Widersprüche der beiden Identitäten im Laufe der Zeit eine Permanenz zukommt. Narrative Identität bringt verschiedene, unterschiedliche, teilweise auch widersprüchliche Gelegenheiten und Erfahrungen in eine kohärente, temporale Struktur. Damit ermöglicht sie es, die Identität einer Person vor dem Hintergrund eines dynamischen, konstanten Modells des menschlichen Lebens zu skizzieren.

Ricœur verwendet den Begriff »Internalisation« oder Verinnerlichung, um den Einfluss von anderen auf das Indivuum zu beschreiben, der in »internalisierten« Einstellungen, Verhaltensmustern und Aktionsmustern zum Ausdruck gebracht wird. Bezüglich kollektiver Identitäten weisen Wodak et al. dann darauf hin, dass in dem modernen Sprachgebrauch ein Unterschied zwischen Identität des Individuums und Identität der kollektiven Identitäten existiert, die sich auf die Identität sozialer Systeme beziehen (Wodak et al., 1999: 16). Diese nennen sich jeweilig »individuelle Identität« und »kollektive Identität«. Diese Arbeit konzentriert sich auf die zweite, sie wird jedoch individuelle Identität natürlich nicht ignorieren in Fällen, wo sie einen dominierenden Einfluss auf den Diskurs der Befragten ausübt.

Eine sehr wichtige Weiterentwicklung dieser Identitätsbegriffe, besonders bezüglich der Russlanddeutschen, ist der Begriff »multiple Identitäten«, also die Annahme, dass eine Person gleichzeitig verschiedene kollektive Identitäten annehmen kann. Das bringt mit sich, dass Individuen eigentlich Vertreter vieler verschiedener Identitäten sind und weiter, dass eine pure homogene kollektive Identität in der Realität nicht vorkommen wird. Nach Wodak et al. nehmen die Mitglieder irgendeiner Nation an vielen verschiedenen regionalen, supraregionalen, kulturellen, linguistischen, ethnischen, religiösen, sexuellen, politischen und anderen definierten »Wir«-Identitäten teil. Eine Person bringt eine gewisse Identität oder eine andere eher in den Vordergrund, abhängig von dem Kontext der Situation (Wodak et al., 1999: 16).

9.2 Nur die Russlanddeutschen gemeint

Die folgenden Beispiele zeigen, wo die Befragten von »Wir« reden und eigentlich nur die Russlanddeutschen in Deutschland meinen.

BW1 bezüglich der Teilnahme der Russlanddeutschen an der Politik in Deutschland:

> BW1: Ja – also etwas/ also nicht nur aktiv an der/ in der Familie sein/ auf Niveau der Familie, sondern auch auf der politischen Ebene – auch aktiv sein. Natürlich, es gibt auch Leute, die sagen – »*Wir* müssen unsere Partei« – Nein, *wir* müssen keine unsere eigene Partei – gründen. Damit bin ich nicht einverstanden. *Wir* haben unsere Organisation und wir wohnen hier in Deutschland.

Am Ende dieses Abschnittes kommt wieder eine Qualifikation ihrer Aussage.

> BW1: [...] Ich weiß nicht, ob ich Recht habe, aber das ist meine Meinung.

Die Art und Weise, in denen sie »ihre« Deutschen beschreibt, demonstriert aber komischerweise weder ein besonderes Interesse an ihrem Wohl, noch ein Respekt vor ihnen. Jetzt, da sie in Deutschland wohnt, sind diejenigen, die in Kirgistan zurückgeblieben sind, zu einer »sie« Gruppe geworden.

> M: Sie können sich es nicht leisten.

> BW1: Nein, natürlich – nur gucken, ja. Es gibt also/ kannst Du dir vorstellen? – Ich weiß nicht warum, aber

jetzt bekomme ich die Briefe von meinen Deutschen aus Kirgistan –

BW1: ich bin seit vielen Jahren nicht dort, aber *meine* Deutschen haben dort schon ein eigenes/ also Gebethaus, ein eigenes Kulturzentrum ja, das auch ja also – in den Gebäuden der Uni ist und sie haben also schon die Möglichkeit ganz offen, die deutsche Sprache zu studieren, na ja studieren natürlich – und das wichtigste/ wieder Traditionen/ also sich als Deutscher zu fühlen.

Dies weist deutlich darauf hin, welche Leute sie unter der Gruppe der Deutschen versteht. Wie wir in anderen Beispielen sehen werden und wie es eigentlich auch bei allen anderen Befragten ist, wechselt ihr Verständnis von dem Begriff »die Deutschen« zwischen allen Deutschen, egal wo sie auf der Erde wohnen, und den Deutschen aus ihrem Herkunftsland. Das Pronomen »meine« in Bezug auf die Deutschen in Kirgisien in diesem Beispiel ist faszinierend, indem sie behauptet, dass diese Menschen zu ihr gehören. Es erscheint mir bemerkenswert, dass BW1 von Menschen als »meinen Leuten« redet, als sie als Leiterin einer friedlichen Freiheitsbewegung spricht, denn so bildet sie eine Hierarchie, bei der die Sprecherin oben steht. Eine Analyse der Verwendung von Pronomen in anderen Diskursen sozialer Bewegungen zeigt dazu einen großen Kontrast. So hat die Analyse der Briefe und Reden Che Guevaras gezeigt, dass dieser versuchte, seine Führungsposition nicht besonders herauszustellen und sich durch die bevorzugte Verwendung des Wortes »wir« als gleichwertig und gleichberechtigt mit seinen Mitstreitern darzustellen. Wieder erwähnt sie auch, was es für sie bedeutet, sich als Deutsche zu fühlen. Dieses Mal ist ihre Erklärung allerdings noch vager.

In dem folgenden Ausschnitt stellt sie mit dem Sprichwort klar, dass sie an einer sehr bestimmten Vorstellung eines deutschen Volkes festhält. Stuart Hall spricht von dem Begriff »Ursprungsmythos«, wobei der Ursprung einer Nation so weit zurück in die Geschichte gestellt wird, dass die fiktive Idee eines »reinen, urspünglichen Volkes« entsteht (Hall nach Wodak et al., 1998: 63). Wir dürfen hier auch nicht vergessen, was wir am Anfang sagten, dass Nationen sich erst lange nach den Auswanderungswellen der späteren »Russlanddeutschen« formten. Das folgende Zitat spricht aber von Deutschland, als ob immer als eine Nation existiert hätte. Wir sehen auch wieder diese »du«-Form der Kameradschaft am Ende des ersten Absatzes, »verstehst du«.

> BW1: Ja, ja und die meisten/ die sind umgezogen, umgezogen oder sind nach Deutschland gefahren, weil sie immer – also daran/ oder davon erzählt haben. Also, – die älteren Leute sagten immer – also – »in Deutschland leuchten die Sterne nicht so wie bei uns« zum Beispiel in Kirgistan«, in Russland oder irgendwo noch – verstehst Du? Also, – sie fühlten –
>
> M: in Deutschland.
>
> BW1: Ja das war wirklich/ also für sie war das – also – die Heimat, obwohl sie dort, also/ dort waren sie Deutsche, aber das konnten sie/ das nicht sagen, nicht konnten, sondern durften das nicht sagen.
>
> M: Mhm, mhm
>
> BW1: und die Älteren – haben bis heute noch Angst offen zu sagen, dass sie Deutsche sind. Ja, es ist natürlich Nachfolge des Krieges/ also dort – alle Deutschen waren –

also/ alle Deutschen waren einfach Faschisten. So nannte man uns.

BW1 demonstriert ständig eine Unsicherheit in ihren Aussagen, die am deutlichsten mit den Veränderungen, Verzögerungen und abgebrochenen Sätzen zum Ausdruck kommt. Die Verwendung eines Pronomens und dann eines anderen ist typisch.

> BW1: Und jetzt haben *sie/ ja wir haben* dort eine deutsche Jugendorganisation, sie heißt »die Sicherheit«, ja/ also so haben *sie* sich genannt/

»Unsere« heißt die Russlanddeutschen, aber »uns« wird nie verwendet, um alle Deutschen zu beschreiben. Es ist traurig, was CW1 erzählt, aber wir sehen wieder, wie sie es unverärgert erzählt.

> CW1: Ja [Lachen] dass unsere Enkelkinder sich schon sicher und wohl fühlen und nicht so Verhältnis wegen dieser [??] Straßenbahn an der [??] dass irgendwer uns vorwirft, dass wir aus anderer Gesellschaft kommen

AW2 spricht unten auch über die Aufrechterhaltung von Religion in der Sowjetunion.

> AW2: Da hatten *wir* eigentlich/ Ja gut – Es war schon verboten, sagen wir, Religion. Da durften *wir* nicht hin, zur Versammlung.

> AW1: Es war auch keine Kirche

> AW2: Später, ich glaube in den 80er Jahren, da hatte man diese Gebetshäuser erlaubt, wo *die Deutschen* dann Gottesdienst in deutscher Sprache gehalten haben.

»Deutsche« heißt hier die Russlanddeutschen.

> AW1: Genau, weil die dachten erst mal/ Erst mal das war für Deutsche nicht möglich in Moskau oder St. Petersburg zu wohnen, weil da einfach die Anmeldungsgrenze war.

AW1 weist auf eine klare Identifizierung mit der russlanddeutschen Gruppe hin.

> AW1: Genau, genau, so schätze ich die Deutschen aus Russland. Ich bin fest überzeugt eigentlich, dass die eigentlich bescheiden in Russland gelebt haben und hier in Deutschland sind genau so. Meine Familie, mein Haus, meine Arbeitsstelle, das ist mir wichtig und genießen sich nicht so stark und mhm – in Politik und was weiß ich –

CW1 meint unten die Russlanddeutschen.

> CW1: Im Aussiedlergebiet – das war selbstverständlich – wir wussten doch, wo unsere Wurzeln vor 200 Jahren/ sagen wir, unsere Vorfahren – nach Russland ausgewandert sind.

Unten schließt CW2 die Russlanddeutschen aus dem Begriff »eigenes Volk« aus und vergleicht sie eigentlich mit Leuten aus anderen Teilen der Welt.

> CW2: [...] Das wäre natürlich sehr gut – wäre dann schon wichtig, aber es geht um eigenes Volk vor allem, es geht nicht um irgendwelche Chinesen oder die Afrikaner und so weiter – nicht ihre Geschichte, sondern –

> M: na Klar. Es geht um die Deutschen.

> CW2: Es geht um eigenes Volk ja.

BW1 spricht von »uns« als den Russlanddeutschen. Das zeigt, dass für sie die Deutschlanddeutschen eigentlich eine von diesen unterschiedene Gruppe ist. Alle machen das gleiche, aber es ist ihr nicht bekannt, dass sie sich von dieser Gruppe abgrenzt. Bei den anderen ist eher eine bewusste Wahl.

> BW1: aber wir sind trotzdem sehr dankbar, dass uns/ dass man uns/ also – [Lachen] ja nach Deutschland – gelassen hat – [Lachen]. – Besonders ist hier für die Kinder gut – und für die Rentner, die Leute, die hier eine Rente bekommen. Schwerer ist also für die Leute/ für na ja – die Leute zwischen 30 und 50. Für diese [??] Leute, für diese Gruppe –

9.3 Die Deutschlanddeutschen gemeint

AW1 stellt fest, dass die Russlanddeutschen und die Deutschlanddeutschen nicht ganz gleich sind.

> AW1: Deutschland hat sich vermutlich stark geändert, weil die 200 Jahren, die/ zwischen den ersten, die aus Deutschland nach Russland gegangen sind, die sind dann in Russland wie im Kühlschrank aufbewahrt, die Traditionen. Und hier, wenn ich jetzt jemanden so in dem Alter, mit vierzig – wenn ich mit Einheimischen – und rede über Volkstum, oder Volkszugehörigkeit oder noch was, dann lachen sie mich an, dann zeigen sie mir, dass ich nicht so ganz OK bin, ja. Sie haben ganz andere Vorstimmungen jetzt. Sie sind multikulturell erzogen und wollen eigentlich über die Wurzeln und – über die Traditionen nicht so gerne reden.

AW2: nicht so viel –

AW1 spricht von den »Einheimischen«, wenn sie es klar machen will, dass sie von »den Deutschen aus Deutschland« spricht.

> AW1: Genau. Ich habe auch viele Einheimischen getroffen – wie sage ich – mit vielen gesprochen, die überhaupt keine Ahnung haben, was/ was/ dass die Deutschen in Russland überhaupt Siedlungen hatten.

AW1 stellt eine sehr klare Abgrenzung zwischen »sie« und »wir«.

> AW1: Ja nicht so viel. *Sie* stehen eher auf mehr international/ Arte oder – wie sagt man das – [...]

Die einheimischen Deutschen sind klar eine unterschiedliche Gruppe auch für CW1.

> CW1: [...] Sie haben überhaupt nicht erwartet oder können das nicht verstehen, ja, dass das tatsächlich so passiert ist/ Vorfahren Deutsche oder/ für sie sind wir die Russen ja, die versuchen eigentlich noch nachzuweisen, dass sie eigentlich deutschstämmig sind, ja, aber für viele ist das unverständlich, »Wieso kann es so sein?«

Das »rheinländische Volk«, die *sie*-Gruppe.

> CW2: Im Alltag spielt ja eine große Rolle, aber wie gesagt, man guckt nicht auf, darauf, dass die beiden Eltern deutschstämmig sind, dass da – man guckt vor allem nach Alter und wenn man im Alltag Unterschiede sieht und diese Unterschiede (...) auf den kulturellen Hintergrund zurückzuführen sind, dann heißt es: »Nein Du bist nicht

deutsch, Du bist Russe« [??] und das ist hier so, dieser Maßstab, woran jeder Russlanddeutsche, fast alle Russlanddeutschen gemessen werden, weil im Alltag sie sich ganz anders verhalten, dass sie nicht Deutsch sprechen wie wir – rhein/ rheinländisch zum Beispiel sprechen, aber das heißt, rheinländisch ist die richtige Sprache. Du, was Du sprichst, das ist nicht richtig

M: nie, nie [Lachen]

CW2: [Lachen] deswegen/ deswegen – was ich auch spreche, alles ist/ alles ist nicht so, wie es nach *ihrer* Meinung richtig ist, also dieser Maßstab, es ist wirklich den Maßstab zu bewegen.

9.4 Alle Deutschen gemeint

Bei den Äußerungen, die alle Deutschen meinen, ist es erstens wichtig zu betonen, dass die Beispiele unten die einzigen Beispiele eines solchen Diskurses von den Befragten aus den ganzen Transkriptionen sind. Die seltene Erwähnung von den »Deutschen« als einer Gruppe könnte teilweise an der Fragestellung liegen, d.h. die Fragen handeln oft von den Erfahrungen der Russlanddeutschen in Russland oder Deutschland. Auf der anderen Seite ist es auch ein Zeichen dafür, dass sie sich zwar als Teil der deutschen Nation verstehen, aber als distinkte Untergruppe derselben. Aufgrund ihrer Beschreibungen der »Wir«-Gruppe oben im Kapitel 8.2 und aufgrund der Erzählungen über das Leben der Deutschen in der Sowjetunion im Kapitel 6.1 ist es sehr deutlich, dass sie sich als Deutsche verstehen und sich auch als Teil einer weltweiten deutschen Großgruppe fühlen. Man kann immerhin sagen, dass sie sich anscheinend nicht sicher sind, wo sie ihren Platz innerhalb der deutschen Großgruppe finden. Dieses Argument wird dadurch verstärkt, dass sie nie »Wir« verwenden, um alle Deutschen zu beschreiben.

Die Aussagen der Interviewten sind auch Stereotype von »deutschen Eigenschaften«. Wenn wir kurz zurück zu Wodak et al. gehen, gehören diese Gedanken zu der »mentalen Ebene« und der »Ebene der Emotionen und des Glaubens«.

In dem nächsten Beispiel meint AW1 anscheinend alle Deutschen, egal wo sie aufgewachsen sind.

> AW1: Ich denke, die Deutschen sind überhaupt nicht so offen, sie sind nicht so – offen.

Das nächste Beispiel von BW1 ist weniger harmlos und demonstriert nationalistische Tendenzen, indem sie behauptet, dass Deutsche anders seien, weil es verschiedene berühmte Deutsche gegeben habe.

> BW1: Ich weiß nicht, also die Deutschen unterscheiden sich, zum Beispiel von den Engländern.

> M: Ja

> BW1: [Lachen] Ja, naja/ sie sind/ aber sie sagen immer, also die deutsche Kultur – das ist wirklich/ darauf bin ich auch stolz und kann ich stolz sein. Ja, also solche Berühmtenheiten [sic], also die ganze Welt also kennt/ sind/ waren die Deutschen, also zum Beispiel Röntgen und so weiter und Luther, Einstein oder Albrecht, und – mhm

Als Antwort auf die »Weltbürger«-Frage geht BW1 zurück zu einem verallgemeinerten Konzept vom Deutschsein. »Wir«

würde aber stärker betonen, dass sie sich selber als Teil dieser Gruppe fühlt.

M: Tja – du musst dich nicht so fühlen – das ist halt nur die Frage.

BW1: Nie, nein, nein, nein, also das ist nicht, also, wie ich mhm/ sage ich immer so – die Deutschen haben irgendwelche positive Seiten, also die Engländer haben auch –

M: [kleines Lachen] einige.

BW1: die Amerikaner und die Franzosen und/ und ich/ ich/ ich bin nicht der Meinung, dass die Deutschen die besten sind, die Engländer also – die Franzosen schlechter und so weiter – also Nein

Die folgende Aussage von CW1 bezüglich des Oktoberfestes in München ist im gewissen Maße auch eine Verallgemeinerung der Deutschen, allerdings mit der Aussage, dass die Deutschen kein perfektes Volk sind. Es ist auch Ablehnung des »wir«- (Deutschen/ Einheimischen) und »sie«- (Ausländer-) Konzeptes.

CW1: solche/ oder, was mit Kultur zu tun hat, mit Bräuchen oder irgendwas – ja, aber anderseits wird der Russe bezeichnet, als der Säufer oder der Trinker, ja und da präsentiert sich jedes Jahr/ der Deutsche/ sieht man im Fernsehen/ 16 Tage ständig auf jede Kanäle wie sie sich voll saufen und angefangen von der Prominenz bis zum letzten Penner, ja, war/ findet sich groß und stolz – auch eine Definition von Stolzsein ja

M: Mhm, ja [kleines Lachen] ja

> CW1: [Lachen] Natürlich, als Deutscher// auch trinken kann.

Unten sind anscheinend alle Deutschen, die in Deutschland wohnen, gemeint und die Aussage etabliert hierin keine Grenze zwischen den Deutschlanddeutschen und den Russlanddeutschen. Sie ist aber auch keine allgemeine Aussage zu allen Deutschen auf der Erde, die Deutschen, die noch in Kasachstan leben, zum Beispiel.

> CW1: Mhm, ja, aber sie müssen sehr// ein selbstständiges Land, ja und nicht mit dem Rücksicht ständig, was die anderen sagen. Gut, also ist die Politik ja, das ist die [??]. [gleichzeitig Lachen]. Leider habe ich keine diplomatische Fähigkeit, aber/ das bedeutet die Deutschen schwach mit ihrer Politik, ständig zwischen Russland und Amerika/ immer versuchen irgendwie ähnlich [??] zu bleiben ist schwierig und auch – die Fähigkeit haben, eigene Politik umzusetzen.

9.5 Eine gemischte Bedeutung

Das nächste Beispiel von AW1 enthält eine komplexe Beschreibung der verschiedenen Gruppen. Wenn sie sagt, dass »die Deutschen eigentlich Minderheit waren«, meint sie die Russlanddeutschen. Sie sagt »die Leute«, aber meint die Russlanddeutschen damit und wenn sie sagt, »die Deutschen. viel Schlimmes gemacht haben« meint sie eigentlich die Soldaten des NS-Regimes. Hier ist es wichtig zu wissen, dass sehr viele Russlanddeutsche nicht am Zweiten Weltkrieg teilnahmen. Die Erzählung geht um ihr Gebiet in der Sowjetunion.

AW1: Verboten weiß ich nicht, aber wir waren im Gebiet, wo zum Beispiel [??] Gebiet haben wir gewohnt, da *wo die Deutschen eigentlich Minderheit waren, während des Zweiten Weltkrieges auch so viel Schlimmes gemacht haben* und da war nicht so erwünscht, *dass die Leute einfach so Deutsch sprechen oder die Leute, die deutsche Kultur pflegen*. Vielleicht nicht direkt, aber ich kann mich schon erinnern, dass ich als Faschistin genannt wurde oder wurden an/ und deswegen als Kind hatte man keine Lust, überall zu sagen, dass ich Deutsche bin, obwohl im Pass stand schon klar, dass ich Deutsche bin, das stand klipp und klar, dass ich Deutsche bin. Wir waren in Russland – keine Russen. Wir waren Deutsche –

10 »Wie schön es ist, Deutsch zu sein!« Die Relevanz einer »gemeinsamen« Kultur und Geschichte

10.1 Identifikation mit der deutschen Kultur

In diesem Kapitel geht es um den Einfluss deutscher Kultur auf das Leben der Russlanddeutschen in der ehemaligen Sowjetunion. Die Leitfrage dieses Kapitels soll jedoch nicht sein »Inwieweit sind die Befragten Deutsch?«, statt dessen soll ein stärkerer Bezug auf die erlebte Geschichte der Befragten genommen werden und dementsprechend gefragt werden: »Worin unterschieden sie sich von den anderen in der Sowjetunion lebenden Völkern aufgrund ihrer deutschen Abstammung?«

Alle Befragten erwähnen häufig spezifisch deutsche Kulturelemente, die ihre Zeit in der Sowjetunion prägten. Sie erzählen auch mehr oder weniger von den gleichen Ereignissen. Feste und Essen tauchen oft auf. Diese »Sitten« und »Gebräuche« oder zumindest ihre Vorbereitungen (wie zum Beispiel die traditionelle Form der Begehung des Weihnachtsfestes bei deutschen Familien aus der Sowjetunion) sind alle 200 Jahre alt und würden heute von vielen Leuten in Deutschland als altmodisch gesehen werden. Insbesondere sind die Antworten von CW1 und AW2 sehr ähnlich.

CW1 kann sich gut mit der deutschen Kultur in Russland/ in der Sowjetunion identifizieren.

> CW1: [...] Sie haben sie auch die deutschen Namen genannt/ die deutschen Namen gehabt, die Gerichte, nicht auf Russisch dann.
>
> M: Ja
>
> CW1: Ostern, Weihnachten hat man in der deutschen Art und Weise gefeiert. Vorbereitet, ja. Die Russen haben es am 6. Januar – und die Deutschen am 24. Dezember – gefeiert.

Sie kann auch detailliert die verschiedenen Sitten beschreiben.

> M: Die Tage waren ganz anders dann?
>
> CW1: Ja klar, obwohl es, zum Beispiel, am 24. war ein normaler Werktag – in russischen Verhältnissen/ abends haben wir schon gemütlich den Baum vorbereitet, die Geschenke vorbereitet, alles unter/ hat man abends gefeiert, den Tisch gedeckt, obwohl es ein normaler Werktag war.

CW2 hat beide Kulturen kennengelernt und der Einfluss deutscher Kultur war schwächer auf sie.

> CW2: Ja, bei mir in der Familie war das weniger. Meine Familie hat denn weniger gefeiert, also die Sitten und Gebräuche, weil ich komme aus einer gemischten Ehe. Und Ostern hatten wir Gerichte natürlich – Lebkuchen und Blutwurst und Leberwurst – selber gemacht

Schon mit ihrer Antwort auf die erste Frage beantwortet BW1 eine andere Frage als die, die ihr gestellt wurde. Ihre Antwort ist eher eine Erzählung von der politischen Situation der Russlanddeutschen in Kirgisien als eine Antwort auf die Frage, welche Traditionen sie lebten:

> BW1: Na ja – in Kirgistan wohnten zur Zeit, als ich meine Gesellschaft der Deutschen aus Russland, also das heißt – also »Wiedergeburt« – gegründet habe, das war – 89, lebten in – Südkirgistan/ Kirgistan lebten also 13 000 Deutsche, also die deutsche Minderheit.
>
> M: Ja.
>
> BW1: Ja und – nach dem Zerfall der Sowjetunion, also nach der Perestroika sozusagen, wurden die meisten – also – nach Deutschland gefahren. Ja. Und es blieben – zur Zeit – etwa 3000 – also Deutsche in Kirgistan – in Kirgistan. Ja, also bis Perestroika/ hatten die Deutschen Angst zu sagen, dass sie Deutsche sind.

Ihre Vorstellung von »deutscher Kultur« und ihrer Relevanz ist auch sehr interessant. Sie beruht darauf, dass die »Deutschen« überall in der Welt »berühmt« seien und dass berühmte Wissenschaftler, wie Einstein, auch »Deutsch« sind/ waren. Damit weist sie darauf hin, dass sie und diese Wissenschaftler Deutsche sind/ waren und dass sie stolz ist, dass sie zu dieser Gruppe der Deutschen gehört. Es ist meiner Meinung nach hochinteressant zu wissen, dass Einstein beim Überqueren einer Grenze auf die Frage eines Polizisten, zu welcher Rasse er gehöre, antwortete: »Zur menschlichen natürlich« (Adela in Burckhart, 2002: 267).

10.2 Stolz auf »Deutsch Sein«

Der nächste Teil geht direkt auf die Fragen, »Was bedeutet es, eine Nationalität zu haben?« und »Was bedeutet sie für die Befragten? Ihre Antworte waren verschieden. Von den Befragten war nur BW1 sehr eifrig, ihre Nationalität laut zu betonen. Die anderen sprechen über Nationalität viel nüchterner. Sie akzeptieren, dass sie nach den Gesetzen als Deutschen bezeichnet waren und sind, aber es bedeutet wenig für sie.

Von hoher Bedeutung für diese Arbeit ist das folgende Zitat Wodaks auf der Basis der Arbeit von Stuart Hall:

> Erst nachdem die gewaltsamen Anfänge der Nationen und viele der Differenzen nach entsprechender politischer Manipulation und Steuerung »in Vergessenheit« geraten waren und sind, konnte und kann sich Nationalbewußtsein breitmachen und konsolidieren. (Wodak et al., 1998: 61)

Anderson argumentiert, dass Nationen imaginiert sind:

> Vorgestellt ist sie deswegen, weil sie deswegen, weil die Mitglieder selbst der kleinsten Nation die meisten anderen niemals kennen, ihnen begegnen oder auch nur von ihnen hören werden, aber im Kopf eines jeden die Vorstellung ihrer Gemeinschaft. [...] Die Nation wird als begrenzt vorgestellt, weil selbst die größte von ihnen mit vielleicht einer Milliarde Menschen in genau bestimmten, wenn auch variablen Grenzen lebt, jenseits derer andere Nationen liegen. Keine Nation setzt sich mit der Menschheit gleich. [...] Die Nation wird als souverän vorgestellt, weil ihr Begriff in einer Zeit geboren wurde, als Aufklärung und Revolution die Legitimität der als Gottes Gnaden gedach-

ten hierarchisch-dynastischen Reiche zerstörten. [...] Maßstab und Symbol dieser Freiheit ist der souveräne Staat. (Anderson, 1986: 15-17)

Wir dürfen hier nicht vergessen, dass die Idee einer »Nation« aber erst Mitte des 18. Jahrhunderts in Frankreich entstand und dass die erste Konzeption einer französischen Nation im Jahr 1789 gegründet wurde. Obwohl die Kolonisten sich als deutsch gesehen hätten, wäre den meisten das Konzept »Deutschlands« als eine Nation unbekannt gewesen. Dennoch ist sich die heutige Generation von Russlanddeutschen des Konzeptes einer Nation auf jeden Fall bewusst.

BW1 ist es sehr wichtig zu betonen, dass sie Deutsch ist. Ihr Konzept davon ist oft vage und unklar. In dem folgenden Ausschnitt stellt sie aber fest, dass Religion wichtig bei diesem Integrationsprozess sei, wobei sich man als Deutsche(r) fühlen kann, wenn man in eine lutherische Kirche geht. Für BW1 ist das wichtigste Element der »deutschen Traditionen« die Kirche.

> BW1: Ja natürlich, ja natürlich. Trotzdem wollten wir/ also wussten wir voneinander, aber es war alles – also bis 56 – war alles nur Geheimnis und haben/ haben/ trotzdem hatten wir eine lutherische Kirche. Das war keine Kirche, sondern ein Gebethaus. Ja und dort versammelten – also uns – also in solchen Gebethäusern, um Deutsch zu sprechen, um also sich als Deutsche richtig zu fühlen.

Man sieht, dass Religion ein Thema ist, worüber sie nicht ohne Weiteres sprechen kann oder will. Sie zögert und bricht den Satz ab, aber kommt nie auf eine deutliche Auffassung von der Rolle von Religion in ihrem Leben. Sie sagt, »wenigstens muss man jemanden haben« und bestätigt dies durch eine unüberprüfbare Aussage »ja, aber so ist es – wirklich.«

> BW1: [...] Aber der Glauben half uns, das alles zu überleben, das ist wirklich so [...] ich bin überzeugt – dass also/ ja also, wenigstens muss man jemanden haben, der also// uns also// zu dem/ ja, wie soll ich sagen
>
> M: Und/
>
> BW1: für dich ist das schwer zu verstehen, ja? Die jüngere Generation, die kann das also/ [Lachen] ja, aber so ist es – wirklich. [...] Wir konnten nur in der Gemeinde Deutsch sprechen, und das hat die deutsche Identität erhalten.

AW2 ist die einzige andere, die überhaupt Religion erwähnt. Ihre Beschreibung weist allerdings weder auf eine positive noch eine negative Beurteilung hin:

> AW2: Später, ich glaube in den 80er Jahren, da hatte man diese Gebetshäuser erlaubt, wo die Deutschen dann Gottesdienst in deutscher Sprache gehalten haben. Beerdigungen und Begraben, das war alles in Deutsch dann gemacht und auch nach alten Traditionen, wie es die Eltern machten, oder die Großeltern noch. Da hat sich wenig geändert. Also, das, Feiertage, Feste und diese Taufe – Konfirmationen gab es nicht, aber Beerdigung, das war schon nach alten Traditionen, mit einem deutschen Pfarrer, der auch ja Deutscher war, natürlich. Also, ich meine jetzt, wenn Deutsche gestorben sind.

Weiterhin ist es wertvoll, die Aussagen von BW1 in Bezug auf »Entwicklung« genauer zu betrachten. Nach BW1 sind England und Deutschland die »entwickeltesten« Länder Europas. Die berühmte, wissenschaftliche Geschichte Deutschlands habe ich schon oben diskutiert. England dagegen sei wegen seiner »Ökonomen« und »Philosophen« eines der »entwickeltesten Länder in Europa«. Wichtig ist es hier zu bemerken, dass all diese Sachen sind, die im westlichen

Denken das Konzept »entwickelt« formen, während andere mögliche Konzeptionen des Konzepts »entwickelt« auf einer sozialen oder kulturellen Basis ignoriert werden. Der Hinweis auf England als neben Deutschland »entwickelteste« Nation muss allerdings eventuell in dem Zusammenhang gesehen werden, dass BW1 sich bewusst war, mit einem Engländer zu sprechen, als sie dies sagte.

> BW1: Ich weiß nicht, also die Deutschen unterscheiden sich, zum Beispiel von den Engländern.
>
> M: Ja
>
> BW1: [Lachen] Ja, na ja/ sie sind/ aber sie sagen immer, also die deutsche Kultur – das ist wirklich/ darauf bin ich auch stolz und kann ich stolz sein. Ja, also solche Berühmtheiten [sic], also die ganze Welt also kennt/ sind/ waren die Deutschen, also zum Beispiel Röntgen und so weiter und Luther, Einstein oder Albrecht, und – mhm
>
> M: und das bleibt immer noch der Fall? dass Deutschland immer noch – ?
>
> BW1: Ja, ja das ist – obwohl die Engländer, die Ökonomen, Philosophen [Lachen], die sind ja auch – berühmt – in der ganzen Welt.
>
> M: Ja
>
> BW1: Ja, natürlich. Das sind – sozusagen – die *entwickeltesten Länder in Europa, Deutschland und England.* Na ja Kultur ist –

Hier lohnt es sich, den Begriff »Identitätsdistanz« in die Diskussion einzuführen, weil es für den Kommentar von BW1 oben relevant scheint. In Fällen, wo eine soziale Identität zu stark betont wird und die Interessen anderer zu dieser bestimmten sozialen Identität nicht gehörenden Individuen vernachlässigt werden, kann man von »Identitätsdistanz« sprechen. Saner beschreibt dieses Phänomen:

> Wohl am gefährlichsten aber ist die kulturelle Überidentifizierung. Sie zeigt sich am krassesten in der distanzlosen Übersozialisierung ganzer Völker unter charismatischen Führern in ideologischen Systemen. Sie ist der Quell der meisten und der größten Verbrechen gegen die Menschheit. Daß Gestalten wie *Höß* und *Eichmann* persönlich nicht Bluthunde waren und dennoch professionelle Massenmörder, hat manche erstaunt, und sie haben vermutet, daß ein Bruch in der Identität der Grund dafür sei. Vielleicht ist das Gegenteil wahr. Durch Gehorsam und Untertanenmentalität sozialisiert bis zum Verschwinden jeglicher kulturellen Identitätsdistanz, haben sie, durchaus einig mit sich selbst und ihren Idolen, banal bis ans Ende gehorcht. (Saner 1986:50)

»Identitätsdistanz« ist demnach die Entfernung von der Identität, um sie in kein gefährliches Phänomen verwandeln zu lassen. Obwohl der Verweis auf die Nazi-Verbrechen im Zusammenhang mit den Russlanddeutschen übertrieben erscheinen mag und obwohl gewiss nicht jede starke Identifizierung mit einer bestimmten Kultur zu solchen Exzessen wie der Nazi-Diktatur führt, ist der Begriff der »Identitätsdistanz« dennoch nützlich für das Verständnis des Diskurses von BW1.

BW1 dokumentiert deutlich, dass sie sehr stolz auf ihre deutsche Nationalität ist, wenn sie sagt, dass die deutsche Minderheit die beste wäre. Auch interessant ist die Art, in der sie diese Aussage beweist, »Man hat so betont«. Mit diesem unerkennbaren Subjekt »man« versucht sie, zu bestätigen, dass das, was sie gerade vorher sagte, richtig sein muss, aber weil der Satz eigentlich über kein identifizierbares Subjekt verfügt, ist es unmöglich, das nachzuweisen Wir können dieses »man« nicht nachfragen, ob das, was sie sagt, richtig sei. Mitten darin qualifiziert sie den Satz auch, wenn sie sagt, »Nicht, weil ich sie geleitet habe«. Dies ist auch wieder ein gutes Beispiel für ihre Betonung ihrer eigenen Rolle in der Politik der Russlanddeutschen.

> BW1: Und die deutsche Minderheit/ es gibt also zum Beispiel 14 Kulturzentren im Süden Kirgistans – also wo ich gewohnt habe und – die deutsche Minderheit, sie ist die kleinste Minderheit, jetzt – geblieben, aber sie ist wirklich die beste – Minderheit. Nicht weil ich das geleitet habe, aber – es ist wirklich so. Man hat so betont. Ich stand/ war immer im Kontakt zu der deutschen Botschaft und die deutsche Botschaft hat uns – auch also/ auch immer geholfen. Ja.

Das folgende Beispiel ist widersprüchlich zu ihrem früheren Statement, dass Deutschland eines der »entwickeltesten« Länder Europas sei. Diese Aussage unten ist natürlich eine politisch korrekte Antwort, dass alle Nationalitäten den gleichen Respekt verdienen. Es ist jedoch schwer zu schätzen, wo sie diese Idee her hat.

> BW1: die Amerikaner und die Franzosen und/ und ich/ ich/ ich *bin nicht der Meinung, dass die Deutschen die besten sind,* die Engländer also – die Franzosen schlechter und so weiter – also Nein
>
> M: nie
>
> BW1: *Nein. So darf es nicht sein* – so darf es nicht sein. Obwohl/ ich habe keine Angst vor dem Wort »stolz«. Die einigen sagen, dass ich/ ich bin nicht stolz, dass ich eine Deutsche bin, zum Beispiel – Warum? Warum? Also ich bin doch stolz, dass ich eine Deutsche bin. Aber ich –

freue mich auch sehr, wenn ich zum Beispiel mit dir ganz offen sprechen kann.

M: Ja

BW1: Aber das bedeutet nicht, dass ich besser bin – als/ oder Du besser –

M: nie

BW1: Das finde ich auch also, *wenn man so das schätzt, das ist es/ macht man einen Fehler und einen großen Fehler.*

Wichtig ist es ihr auch, zu betonen, dass sie eine führende Rolle bei der Organisation der Russlanddeutschen in Kirgisien spielte. Es kommt vor, dass sie das Leben der Russlanddeutschen dort als einen persönlichen Kampf versteht. Sie erwähnt dies ein paar Mal:

BW1: Ja und ich habe zum Beispiel an der Uni gearbeitet und ich hatte die Möglichkeit – danach – also die Deutschen – in den Gebäuden also der Uni zu versammeln.

Für das nächste Beispiel gilt der gleiche Kommentar. Wir sehen auch wieder die Verwendung des Pronomens »meine«, um die Deutschen in Kirgisien zu beschreiben.

BW1: Ich bin seit vielen Jahren nicht dort, aber *meine* Deutschen haben dort schon ein eigenes/ also Gebethaus, ein eigenes Kulturzentrum ja, das auch ja also – in den Gebäuden der Uni ist und sie haben also schon die Möglichkeit ganz offen, die deutsche Sprache zu studieren, na ja studieren natürlich – und das wichtigste/ wieder Traditionen/ also sich als Deutsche zu fühlen.

In Bezug auf die Kinder der Russlanddeutschen, die jetzt in Deutschland wohnen, verwendet sie den Begriff »echt«, um ihre Bürgerschaft zu beschreiben. Erstens könnte man diesen Kommentar so interpretieren, dass sie persönlich nicht so »echt Deutsch« sei wie diese Kinder und zweitens erinnert er durchaus auch an rassenideologische Formen des Diskurses.

> BW1: sie werden schon – ja – echte Deutsche sein, sozusagen/ sie haben schon/ sie werden –

Für sie ist es auch sehr wichtig, dass der Moderator weiß, dass die Russlanddeutschen keine Immigranten seien. Bemerkenswertist, wie sie ihren Status als Spätaussiedler durch den Begriff »Heimkehrer« betont. Sie ist so eifrig, ihren Standpunkt zu der »Immigrationspolitik« und zu dem Status der Russlanddeutschen auszudrücken, dass sie den Moderator unterbricht. Dann, wenn sie wieder die Chance zu reden hat, betont sie ihren Status mit dem ganz einfachen Satz »Wir sind Heimkehrer«, wobei das Wort »Heim« im Gegensatz zum Begriff »Spätaussiedler« die emotionale Komponente der Identifizierung mit Deutschland betont.

> BW1: wohnen zehn Prozent der Russlanddeutsche. Ja – und diese – sozusagen – Migrationspolitik – aber wir sind keine Migranten.
>
> M: Nie, ihr seid Deutsche, die –
>
> BW1: Ja, wir sind –
>
> M: einfach irgendwoanders gewohnt.
>
> BW1: Wir sind Heimkehrer

Nach den Gesetzen kommt es eigentlich darauf an, ob sie deutschstämmig sind, oder nicht.

> BW1: und darum sind wir keine Migranten – und hier also bin ich also/ also ich persönlich/ meine Meinung/ mit dem Zuwanderungsgesetz nicht einverstanden/ [...] aber unsere Leute müssen zuerst den Sprachtest ablegen.

Sie reagiert verärgert darauf, dass Leute aus Afrika nach Deutschland kommen. Man könnte da sagen, dass das Zufall war, dass sie Afrika wählte. Als sie der Moderator darauf hinweist, dass Afrikaner nicht ohne Weiteres eine Aufenthaltserlaubnis in Deutschland bekommen, sondern gute Gründe angeben müssen und nachweisen, dass sie entweder nur kurzfristig bleiben oder, zum Beispiel, schwerwiegender Verfolgung in ihrem Heimatland ausgesetzt waren, geht BW1 nicht auf diese Argumente ein:

> BW1: Mein Mann ist Russe. Wie kann man von ihm also Deutsch verlangen? – aber die anderen/ die anderen/ Ich meine die Leute aus Afrika/ aus – also alle anderen/ die brauchen – *also/ also nichts abzulegen Test und so weiter und so fort*. Sie kommen einfach – nach Deutschland – verstehst Du? Also die Ausländer

Es ist von dem Zusammenhang nicht völlig klar, womit sie nicht einverstanden ist. Ich glaube nicht, dass sie der Aussage des Moderators richtig zuhörte. Sonst wäre es nicht unfair zu sagen, dass ihre Antwort rassistisch wäre. Die Art und Weise, in denen sie von Leuten aus anderen Teilen der Welt spricht, ist jedoch abschätzig und sie gründen sich auf sehr umstrittenen Argumenten.

> M: Ja – also es kommt –

> BW1: ja – damit bin ich/ in Deutschland/ ich meine/ ich meine/ aber es gibt sowieso –

> M: aber sie müssen schon einen Grund haben

BW1: Ja.

M: also, aus dem sie nach Deutschland kommen.

BW1: *Na ja, ja eben/ damit bin ich nicht einverstanden.* Ich will also, so/ wenn wir/ also die/ der dort drüben geblieben ist – mal nach Deutschland kommt, der darf kommen – so meine ich – ohne also die Voraussetzungen, also Test abzulegen ja und wenn er Deutscher im Pass ist, dann darf er nach Deutschland kommen. Das ist meine persönliche Meinung.

Andere Interviewpartner gingen mit der Frage nach der deutschen Identität ganz anders um. AW2 zum Beispiel antwortete sehr offen auf diese Frage. Nirgendwo demonstriert sie leidenschaftlich ihren Stolz auf ihr »Deutsch sein«.

AW2: Eigentlich nicht, man hat nur/ es war so, das ist so, da hat keine(r) mich auch gefragt, »warum muss der Prediger/ Pastor Deutsch sprechen, weil ein Deutscher gestorben ist?« Das war klar, das war selbstverständlich. So öffentlich, sagen wir mal, war es schwieriger.

AW1 betont, dass in ihrer Famile das Deutsch-Sein nie besonders herausgestellt wurde, sondern ganz natürlich zu ihrem Leben dazugehörte. Die Diskussion geht um das Bewusstsein der Nationalität in der Sowjetunion.

AW1: [...] Ich meine jetzt – Ich kann mich nicht erinnern, dass bei uns in der Familie irgendwer mit Stolz, ich bin Deutsche oder so was. Das war ganz normal. Wir waren Deutsche und eigentlich immer so bescheiden [Lachen] und ohne große Propaganda, dass das irgendwie die deutsche Familie ist. Im Gegenteil, meine Eltern haben sich immer ein bisschen zurückgehalten. Immer.

CW2 erzählt eine ähnliche Geschichte.

> AW1: ... als ich an der Uni die Aufnahmeprüfungen gemacht habe, habe ich russische Literatur als Prüfung gehabt und meine Lehrerin, die Prüfungsdame ja, sie hat mich nach Nachnamen gefragt, sage ich »AW1 (Name)«. »Es ist kein russischer Name«, sage ich ja, »ich bin Deutsche«. »Deutsche und so gut können Sie Russisch«, weil die/ die könnten irgendwie nicht begreifen, dass die Deutschen – waren so so –

AW2 hat auf keinen Fall ein Vorbild von einem mächtigen, entscheidenden Deutschland.

> AW2: Ja ist ein großes Land und es war vielleicht – man sagt, früher mal – ein hochentwickeltes Industrieland, was heute nicht mehr stimmt, aber ob es da so viel zu sagen hat, weiß ich nicht, kann ich

Nur CW1 geht ein bisschen weiter und sagt, dass sie stolz war, aber sie sagt es in so einer sehr vorsichtigen Weise, weil es ihr wahrscheinlich bekannt ist, dass es von manchen Leuten negativ interpretiert werden könnte. Während sie bereit ist, ihren Stolz auf ihre eigene Nationalität zu betonen (inklusives solidaritätsorientiertes Muster von der Innengruppe), klingen auch in ihren Einstellungen den Russen gegenüber rassistische Untertöne an, als sie sie als »nicht besonders zuverlässig« beschreibt (exklusives, unterscheidendes Muster von Außengruppen).

> CW1: Sagen wir so, stolz waren wir/ war ich zum Beispiel insoweit, *dass man einen Unterschied gesehen hat*, zwischen deutschen Familien, Erziehung, Kultur und russischen Familien. Da *sind russische Familien absolut anders als/ abgelaufen ist, dass sie die Traditionen nicht so gepflegt haben und mhm/ waren nicht so besonders ordentlich. Sie waren nicht besonders zuver-*

lässig und wenn man in vergleichsweise ordentlichen Dörfern lebt, dann ist man schon stolz auf diese geborenen Ort und Herkunft/ dass man wenigstens mit dem/ sagen wir so, mit der Erziehung und mit der Kultur auch nachweisen kann ja, wir sind was besonders, obwohl offiziell konnte man das nicht pflegen, ganz offen/ ja, ja klar.

Das Beispiel unten ist sehr interessant, wobei ihre Erklärung des Erhaltens deutscher kultureller Traditionen in der Sowjetunion nicht zum Beispiel auf Ideen wie das Nicht-Vergessen ihrer Wurzeln beruht, sondern auf das Blockieren von negativen Einflüssen einer für sie weniger entwickelten Kultur, die als Gefahr für die deutschen Gemeinschaften dort wahrgenommen wurde. Man muss die Aussage im Zusammenhang mit dem Beispiel oben sehen, wo sie von den Russen als »nicht besonders zuverlässig« sprach.

M: Ja. Zu Hause, aber nicht auf der Straße.

CW1: Ja klar. So war es, auf jeden Fall. Ich denke, das hat vermutlich auch die Deutschen auch weiterhin geprägt/ dass sie weiter die Kultur auch pflegen, weil sie haben gesehen, *die Verschmelzung mit der einheimischen Bevölkerung bringt keinen Fortschritt und keine weitere Entwicklung*

CW1 beschreibt die landwirtschaftlichen Fachkenntnisse der Russlanddeutschen, ohne daraus eine Überlegenheit der deutschen Kultur abzuleiten.

CW1: [...] auf jeder Straßenecke oder Dorfecke war ein Fachmann für diesen Bereich, ein Deutscher ja und wenn die russische Familie den Schwein geschlachtet hat oder was, hat den Deutschen eingeladen, als Fachaufsicht/ musste dann erklären, wie es geht – mit der Blutwurst. Die Russen haben die Sitten übernommen / Blutwurst und Leberwurst vorbereitet und so.

Wie CW2 sagt, wäre es sehr »komisch« wegen ihrer Familienherkunft, wenn sie sehr stolz auf ihr Deutschsein wäre.

> CW2: Mein Opa war Soldat, also mein Opa hat auf der anderen Seite gekämpft.
>
> M: Ja, ja
>
> CW2: Meine Mutter war im Krieg, aber kämpfte für Russland, für Sowjetunion.
>
> M: Ja
>
> CW2: [Lachen] Es wäre sehr komisch gewesen, wenn mein Vater sich präsentieren wollte, wäre so ein sehr guter, nationalgeprägter Deutsche und so weiter. Das wäre dann komisch ausgehen/ können, deswegen war nie eine Sache, stolz? – nie. Stolz kann ich nicht sagen. Es war einfach so. Es ging so, es war so, aber gut/ es war nie ein Thema und nie ein Maßstab.

Unten stellt CW1 das »sie« (Außenseiter) und »uns« Konzept in Frage.

> CW1: solche/ oder, was mit Kultur zu tun hat, mit Bräuchen oder irgendwas – ja, aber anderseits wird der Russe bezeichnet, als der Säufer oder der Trinker, ja und da präsentiert sich jedes Jahr/ der Deutsche/ sieht man im Fernsehen/ 16 Tage ständig auf jede Kanäle wie sie sich voll saufen und angefangen von der Prominenz bis zum letzten Penner, ja, war/ findet sich groß und stolz – auch eine Definition von Stolzsein ja

CW2 lehnt die Idee, dass Deutschland wichtiger als andere Länder sein könnte, entschieden ab.

> CW2: / auch die anderen Länder haben über/ gemeinsame Erfahrungen, also wie gesagt haben sie/ war schon ein gemeinsames Schicksal, finde ich.
>
> M: Mhm, ja/
>
> CW2: dass es nur von Deutschland abhängt und europäisches/ Europäische Gemeinschaft weiter besteht oder nicht, das find ich nicht.

CW2 verfügt über ein ganz anderes Verständnis von dem Stereotyp Deutschlands als ein Land der »Dichter und Denker«, als etwa BW1.

> CW2: aber der normale Otto oder der normale Hans kann es – leider – nicht verstehen. Das können vielleicht zum Beispiel gebildete Leute verstehen, aber das normale Volk [??] schwierig [??] also das deutsche Volk, sagt man das Volk der Philosophen und Wissenschaftler und so weiter [??] Das ist mein Vorurteil vielleicht, aber ist so.

10.3 Wie sehen sie andere Menschen?

Nach dem Anschauen des Filmes zeigt BW1 eine ganz andere Einstellung zu Menschen aus Afrika. Der unterschiedliche Kontext der Frage übt hier einen deutlichen Einfluss auf ihre Antwort zu dieser Frage aus, wobei die Frage von »Rasse« in dem Film ganz klar zum Ausdruck gebracht wird. Ihr ausländerfeindlicher Diskurs kam innerhalb längerer Konversationen heraus, in denen der Kontext nicht so klar vorgestellt wurde.[13]

---

13 Eine kurze Beschreibung des Films findet sich in Kapitel 3.3, wo auch seine Rolle in den Interviews thematisiert wird.

> BW1: also ihr seid also die Ausländer und so und so und so – und endlich also mhm – war sein Geduld also – zu Ende und er hat ihr Ticket gefressen. Ja wirklich – ja und das hat er recht gemacht.

BW1, CW1 und CW2 demonstrieren alle ihre Zustimmung zu den Ideen des Films, schon bevor sie irgendwas dazu sagen. Dies zeigt ein Mitleid mit der Position des Mannes, weil seine Revanche im Kontext des Filmes, d.h. wegen der Provokation der alten Dame, rechtfertigt zu sein scheint.[14]

> [Film] Alte Dame: »Der Neger hat es eben gerade aufgefressen.«
>
> BW1/ CW1 + CW2: (Lachen)
>
> [Film] Kontrolleur: »Das ist die blödeste Ausrede, die ich je gehört habe.«
>
> BW1/ CW1 + CW2: (Lachen)

In ihrem Kommentar zu dem Film bemerken CW1 und CW2 einige wichtige Themen des Films, zum Beispiel, wie Leute erst über sich selbst nachdenken und wie Rassismus öffentlich nicht richtig diskutiert wird.

> CW2: Na ja, wie du siehst Gleichgültigkeit und, dass die Menschen erstmals über sich selbst denken und dann ob die anderen beleidigt werden oder ob sie jemanden beleidigen. Kommt später, der Mann mit dem Helm, denkt »Oh Gott!«, »Tatsächlich, ich muss daraus irgendwie«, »dass der Kontrolleur mich nicht erwischt« und dann war es ihm eigentlich egal, was die Frau zu ihrem Nachbarn gesagt hat.

---

14 Die Interviews B und C wurden getrennt geführt, obwohl sie hier gemeinsam dargestellt werden.

M: Ja, was die Frau dem schwarzen Mann gesagt hat, weil –

CW2: Genau und wie sie ihn beleidigt hat und wie sie ihn schon unter Menschenwürde Sachen gesagt hat [??] und so weiter. Ja, das war ihm egal und ja dann, wie gesagt, jeder in der Gesellschaft denkt erst für sich selbst und dann ist es ihm egal, was da dem anderen Mensch – ja um ihn herum –

Sowohl BW1 als CW1 diskutieren das Schweigen der anderen Passagiere. Während die alte Dame den Mann beleidigt, reagiert keiner von den Mitfahrern. Dies gilt natürlich als eine ganz wichtige Botschaft des Filmes, dass viele in der modernen Gesellschaft sich nur um ihre eigenen Probleme kümmern.

BW1: Ja, ja, ja – naja natürlich. Und jeder hörte/ hat/ also hörte zu/ also die anderen Passagieren ja und die wollten mit der Dame

CW1: Sagen wir so, sie hat das wenigstens zum Ausdruck gebracht, was der bewegende Teil der Bevölkerung haben im Kopf, weil es sich abspielt hinter der geschlossenen Tür der Wohnung sich abspielt die Vorurteile ja

10.4 Wie sehen sie sich selbst?

Keine der Befragten, außer CW2, behauptet, dass sie sich als Weltbürger bezeichnen. Das heißt aber nicht, dass sie nicht kosmopolitisch sind, oder dass sie alle besonders Deutschland-treu sind, wie wir schon oben gesehen haben.

M: Ja. Identifiziert ihr euch mit dem Begriff Weltbürger?

AW2: Weltbürger, Mhm – Keine Ahnung, weiß ich nicht, glaube ich nicht. Was ist das überhaupt?

AW1: Genau.

M: dass man nicht zu ja –

AW2: zu einem gewissen Land gehört.

M: ja, das man schon zu einem gewissen Land gehört, aber dass man auch ein internationales Gefühl hat, dass die Welt ein Dorf ist.

AW2: Nie, so eigentlich noch nicht, so weit mal nicht.

BW1 ist sehr unsicher, was sie dazu sagen soll und wechselt das Thema sehr schnell.

M: Und identifizierst du dich mit dem Begriff Weltbürger? also jemand, der nicht so/, der nicht so unbedingt ein nationales Gefühl hat, sondern so eher zu der Welt gehört

BW1: Nein, nein, also das/ ich meine – aus Deutschland, wenn ich die Frage richtig verstanden habe/ also – wie fühle ich mich?

M: Ja, wie fühlst du dich? –

BW1: Ja, als Weltbürger?

M: Tja – du musst dich nicht so fühlen – das ist halt nur die Frage.

BW1: Nie, nein, nein, nein, also das ist nicht, also, wie ich mhm/ sage ich immer so – *die Deutschen haben irgendwelche positive Seiten, also die Engländer haben auch* – [kleines Lachen von dem Moderator]

CW1 zeigt auf keinen Fall einen starken Sinn des Patriotismus.

CW1: Habe ich darüber nicht nachgedacht. [Lachen] Etwas mehr Courage dazu, dass ich mich jetzt als Weltbürger bezeichne.

CW2: Ich würde schon das sagen,

Wie oben darauf hingewiesen wurde, bejaht CW2 diese Frage. Sie macht es auch deutlich, dass sie über keine nationalistischen Gedanken verfügt.

CW2: Ich kann mir schlecht vorstellen, aber ich kann nicht sagen, irgendwie in zehn Jahren wieder nicht umziehen werde – kann ich nicht sagen.

11 Schluss

Diese Arbeit zielte auf eine Untersuchung der diskursiven Konstruktion der nationalen Identität von Russlanddeutschen, die jetzt in Deutschland wohnen. Es wurde davon ausgegangen, dass diskursive Konstruktionen nationaler Identitäten eigentlich nur mentale Konstruktionen imaginärer Gemeinschaften sind (Wodak et al., 1999: 3-4). Dazu muss betont werden, dass die Gruppen von Befragten nicht als repräsentativ für die ganze russlanddeutsche Bevölkerung in Deutschland angenommen werden dürfen. Die drei Gruppen waren im Vergleich zueinander demografisch homogen. Wie wir aber am Beginn der Arbeit sahen, wurden sie dafür nach sehr spezifischen Faktoren ausgewählt. Trotzdem heißt das nicht, dass die Ergebnisse dieser Studie nur für diese spezifische demografische Gruppe von Russlanddeutschen zutrifft. Ein Großteil der Analyse könnte, wenn er vorsichtig angewendet würde, auf die ganze russlanddeutsche Bevölkerung in Deutschland bezogen werden. Dies verhält sich so, weil die Beobachtungen der Befragten hauptsächlich von Erfahrungen und Erzählungen abhängen, die in einer bestimmten Weise viele Russlanddeutsche hätte betreffen können.

Die Theorie Wodaks et al., die die Grundlage dieser Arbeit bildet, behauptet, dass die diskursive Wiederherstellung von nationalen Identitäten von gewissen »Akteuren«, einschließlich des Staates, Politiker, Institutionen, Medien und sozialen Alltagsgewohnheiten, beeinflusst wird. Die erste Anmerkung zu diesem Konzept im Fall dieser Arbeit ist, dass – obwohl die Russlanddeutschen als »Deutsche« betrachtet werden – es eine Tatsache bleibt, dass sie an verschiedenen Orten in der Sowjetunion aufgewachsen sind und dann später in Deutschland gelebt haben. Die zweite sehr wichtige Anmerkung zu diesem diskursiven Konzept von nationaler Identität ist, dass diese Arbeit offensichtlich und auch absichtlich die Ideen der Russlanddeutschen zu nationaler Identität als eine eigene Gruppe untersuchte. Dies führt aber zu der Tatsache, dass »Russlanddeutschland« keine anerkannte Nation ist; zudem kann man »russlanddeutsch« nicht als eine nationale Identität bezeichnen.

Dementsprechend möchte ich auch nicht behaupten, dass die Russlanddeutschen keine Deutschen sind, oder dass sie Russen oder Kasachen sind. Das ist sowieso nicht das Ziel dieser Arbeit. Sie beschäftigt sich statt dessen mit dem Verständnis der Russlanddeutschen von ihrer nationalen Identität als Deutsche. Wenn wir jedoch zurück zu der Arbeit von Wodak et al. gehen, ist es unbestreitbar, dass der sowjetische Staat und dessen Politiker, Medien usw. zu denjenigen »Akteuren« gehören, die diskursive Wiederherstellung von nationaler Identität der Russlanddeutschen hätten beeinflussen können. Wir wissen, dass die sowjetische Politik in Bezug auf die Sprache, Wohnortbegrenzungen, Meldungen bei der Polizei usw. gegenüber den Russlanddeutschen signifikant war. Die politische Behandlung der in der Sowjetunion wohnenden Deutschen enthielt keinen Diskurs, der ein patriotisches, deutsches Gefühl unter den Deutschen hätte befördern können. Dennoch ist ein Einfluss dieser (Staats-)Akteure aus der Sowjetunion auf eine deutsche nationale Identität der Russlanddeutschen denkbar, ob nun auf negative Art durch eine Bekämpfung einer deutschen Identität, oder sogar in einer letztlich positiven Weise durch die besonders harte Art, in der die Russlanddeutschen behandelt wurden und die einen Rückzug derselben auf eine nicht-sowjetische, also deutsche, Identität unterstützte.

Eine Zusammenfassung der Geschichte der Russlanddeutschen gibt es schon in Kapitel 4.2. Es lohnt sich hier aber, kurz an die Politik der Sowjetunion bezüglich der Russlanddeutschen zu erinnern. Es war zeitweise an vielen Orten der Sowjetunion verboten, Deutsch in der Öffentlichkeit zu reden, für Deutschstämmige gab es drastische Beschränkungen der Niederlassungsfreiheit, sie durften auf bestimmten Stellen auch nicht arbeiten und bis 1956 mussten sich die Deutschen jede Woche bei der Polizei melden. Darüber hinaus verbreiteten der Diskurs des sowjetischen Staats und der Diskurs der von ihm geregelten Presse, dass die Deutschen Faschisten seien. Dementsprechend und angesichts der Tatsache, dass die deutsche Nationalität in der Sowjetunion anerkannt war, kann man sich wohl vorstellen, dass diese gesamte Politik dazu führte, dass sich die Russlanddeutschen ihrer deutschen Nationalität sehr bewusst wurden. Dieses Phänomen wird auch in den Aussagen der Befragten wiedergegeben.

Wodak et al. sind der Meinung, dass auch soziale Alltagsgewohnheiten zu den »Akteuren« gehören. Wir sahen in den Erzählungen der Russlanddeutschen, dass diese eine sehr große Rolle in dem Leben der Deutschen in der Sowjetunion spielten – sie erzählten alle lang von den Traditionen, die sich seit der Zeit der Kolonisten vor 200 Jahren erhalten haben. Es kann erwartet werden, dass ihr Diskurs darauf hinweist, dass sie auf mehreren Ebenen von einer Identität als Deutsche bewusst wären. Wegen ihrer politischen Behandlung könnte man sich auch gut vorstellen, dass sie diese Identität als eine ungeliebte betrachteten. Die folgende Äußerung von AW1 demonstriert diesen Sinn einer etwas zurückhaltenden aber sehr bewussten deutschen Identiät.

AW1: Verboten weiß ich nicht, aber wir waren im Gebiet, wo zum Beispiel im [??] Gebiet haben wir gewohnt, da *wo die Deutschen eigentlich Minderheit waren, während des Zweiten Weltkrieges auch so viel Schlimmes gemacht haben* und da war nicht so erwünscht, *dass die Leute einfach so Deutsch sprechen oder die Leute, die deutsche Kultur pflegen.* Vielleicht nicht direkt, aber ich kann mich schon erinnern, dass ich als Faschistin genannt wurde oder wurden an/ und deswegen als Kind hatte man keine Lust, überall zu sagen, dass ich Deutsche bin, obwohl im Pass stand schon klar, dass ich Deutsche bin, das stand klipp und klar, dass ich Deutsche bin. Wir waren in Russland – keine Russen. Wir waren Deutsche –

BW1: Ich habe also immer gesagt, ich bin eine Deutsche und bleibe also eine Deutsche, obwohl ich hier also wohne. Aber, damit ich hier also an der Uni studieren konnte, dann sollte ich verschweigen, dass ich Deutsche bin. Verstehst Du? Ich habe das nicht gesagt also – man hat mich gefragt und ich habe naja –

Von dieser Diskussion über die Perspektiven der Befragten zu ihrer Nationalität kommen wir zum Thema Grad an Nationalstolz. Die an Schmidt (1998)[15] angelehnte Fragestellung wurde entworfen, um die Meinungen der Befragten zu demokratischen und humanistischen Werten zu analysieren. Schmidt arbeitet von einer soziopolitischen Perspektive aus, die Frage nach dem Nationalstolz ist aber natürlich von gleicher Relevanz in einer linguistischen Arbeit wie dieser. Wegen dem Standpunkt der Russlanddeutschen zu ihrer Nationalität sind ihre Einstellungen zu ihrem Stolz als Deutsche nicht erstaunlich. Ihre Antworten auf die Frage behaupten größtenteils entweder kein Gefühl von Stolz oder ein leichtes Bewusstsein

---

15 Siehe Seite 24.

davon. CW2 kommt aus einer gemischten Ehe und weigert sich, irgendwelche Formen des »Stolzseins« auszudrücken; auch AW1 und AW2 verneinen die Frage. Aussagen wie »Es war so, es ging so« sind typisch für ihre anscheinende Ambivalenz ihrer Nationalität gegenüber. CW1 ist zwar bereit zu sagen, dass sie einen Unterschied zwischen den Deutschen dort und den anderen Nationalitäten sah. Sie drückt es jedoch sehr vorsichtig aus und scheint sich der möglichen Problematik bewusst zu sein, die mit dieser Frage des Stolzseins verbunden ist. Darüber hinaus deutet bei ihr nichts darauf hin, dass sie die deutsche Nationalität als die beste betrachtet. BW1 ist die Ausnahme, die »keine Angst vor dem Wort Stolz« hat. Sie scheint deutsche Nationalität trotz ihrer verschiedenen Qualifikationen als besser als andere Nationalitäten zu betrachten. Ihr Konzept des Begriffs »entwickelt«[16] war dabei sehr wichtig.

> CW1: Sagen wir so, stolz waren wir/ war ich zum Beispiel insoweit, dass man einen Unterschied gesehen hat, zwischen deutschen Familien, Erziehung, Kultur und russischen Familien. Da sind russische Familien absolut anders als/ abgelaufen ist, dass sie die Traditionen nicht so gepflegt haben und mhm/ waren nicht so besonders ordentlich.

Bei der Diskussion über die Darstellung der Deutschen als Faschisten durch den sowjetischen Staat und dessen Medien ist es wichtig daran zu erinnern, dass Deutsche in der ganzen Welt als »Faschisten« verurteilt werden und in diesem Sinne allen Deutschen dieselbe Identität von Außenseitern (nicht Deutschen) gegeben wird. Man muss aber gleichzeitig erwähnen, dass die Russlanddeutschen und die Deutschen in Deutschland diesen Titel aus etwas unterschiedlichen Gründen bekommen. Deutsche aus Deutschland werden meistens so

---

16 Siehe Seite 93.

diskriminiert, weil Außenseiter wissen, was im Zweiten Weltkrieg passierte. Sie nehmen diese Tatsachen und wenden sie in einer übertriebenen Weise auf alle Deutschen an. Solche Meinungen werden auch durch diskriminierende »nazizentrierte« Medienberichte beeinflusst und verstärkt. Im Fall der Russlanddeutschen wurden sie auf diese Weise diskriminiert, weil die sowjetische Regierung sie absichtlich und falsch als Kriegsverdächtige einstufte. Die Deportation der in der Sowjetunion wohnenden Deutschen im Jahr 1942 und negative Berichte in der sowjetischen Presse über die Deutschen führten dann zu der Beschimpfung als »Faschisten« gegen die Russlanddeutschen in der Sowjetunion.

Hinsichtlich der Zeit der Russlanddeutschen in Deutschland spielt erstens die Politik der Bundesregierung eine sehr wichtige Rolle bei ihrem Verständnis ihrer Identität als Deutsche aus der Sowjetunion in Deutschland. Hierbei ist ihr Status als Spätaussiedler natürlich von hoher Relevanz. Wir sahen in den Diskussionen über Demokratie, die soziale Marktwirtschaft, die Behörden und die Politik in Deutschland im Allgemeinen, dass die Befragten nach einer schwierigen Anpassungsphase jetzt das Alltagsleben in Deutschland sehr gut verstehen und dass sie mit den Institutionen, Gesetzen usw. leicht umgehen können. Ihr gesetzlicher Status[17] als Aussiedler stellt auch keine Distanz zwischen ihnen und den in Deutschland geborenen Deutschen her.

Wie die Russlanddeutschen in der Sowjetunion von ihren sozialen Alltagsgewohnheiten in Form ihrer »deutschen« Traditionen stark geprägt waren und von ihnen einen wichtigen Teil ihrer Identität den anderen Nationalitäten gegenüber erhielten, so sind auch die gleichen sozialen Alltagsgewohnheiten in Deutschland ein Markierungszeichen dieser Gruppe und des-

---

17 Siehe die §§ 4, 6 und 7 des BVFG im Anhang.

Schluss

wegen auch von deren Identitätsverständnis. Die Befragten erzählten in den Diskussionen über die Bundesrepublik und über die Europäische Union, dass die »heutige Kultur Deutschlands« wesentlich anders als ihre Erwartungen war. »Sie sind multikulturell erzogen« sagt AW1 zum Beispiel. Zudem werden die Feste, zum Beispiel Ostern und Weihnachten, heute in Deutschland anders gefeiert als bei den Russlanddeutschen, die für alle Vorbereitungen selbst sorgten. Tiere selbst zu züchten und zu schlachten und dies dann auch als ein Familienfest zu feiern ist seit langem nicht mehr die typische Art von Feierlichkeit in Deutschland. Dieses Treffen von »traditionell« gegen »modern« führt natürlich auch zu zwei unterscheidbaren Identitätsgruppen von Deutschlanddeutschen und Russlanddeutschen. Die folgenden Äußerungen demonstrieren dieses Phänomen.

> AW1: Deutschland hat sich vermutlich stark geändert, weil die 200 Jahren, die/ zwischen den ersten, die aus Deutschland nach Russland gegangen sind, die sind dann in Russland wie im Kühlschrank aufbewahrt, die Traditionen. Und hier, wenn ich jetzt jemanden so in dem Alter, mit vierzig – wenn ich mit Einheimischen – und rede über Volkstum, oder Volkszugehörigkeit oder noch was, dann lachen sie mich an, dann zeigen sie mir, dass ich nicht so ganz OK bin, ja. Sie haben ganz andere Vorstimmungen jetzt. Sie sind multikulturell erzogen und wollen eigentlich über die Wurzeln und – über die Traditionen nicht so gerne reden.

> AW2: nicht so viel –

> CW2: weil im Alltag ist es ganz anders, weil dieses Prinzip [??] nicht Deutsch sprechen wie wir – rhein/ rheinländisch zum Beispiel sprechen, aber das heißt, rheinländisch ist die richtige Sprache. Du, was Du sprichst, das ist nicht richtig.

> M: nie, nie [Lachen]
>
> CW2: [Lachen] deswegen/ deswegen – was ich auch spreche, alles ist/ alles ist nicht so, wie es nach ihren Meinungen richtig ist, also dieser Maßstab, es ist wirklich den Maßstab zu bewegen.

Konkret in dieser Diskussion der Identität der Russlanddeutschen schauten wir im Kapitel 8 ihre Verwendung des Pronomens »Wir« an. Darin wollten wir sehen, wer zu ihrer Definition von Selbigkeit gehört.[18] Die Untersuchung ihrer Verwendung von Pronomen verstärkt auch die in den letzten zwei Absätzen ausgeführte Idee, dass die Befragten sich als eine von den Deutschlanddeutschen unterscheidbare Gruppe verstehen. Das heißt, dass sie eine eigene »Wir«-Gruppe für die Russlanddeutschen schaffen, oder mit anderen Worten, wenn sie von »Wir« sprechen, meinen sie immer nur die Deutschen aus der Sowjetunion. Dies ist ganz klares Zeichen, dass sie in ihrem Diskurs behaupten, dass sie nicht zu einer größeren Gruppe von allen Deutschen in Deutschland gehören. Eine weitere Distanz zu den »Deutschlanddeutschen« wird darin deutlich, dass die Befragten diese als eine »sie« Gruppe bezeichnen. Darüber hinaus reden sie in ihren Verallgemeinerungen über deutsche Eigenschaften von den »Deutschen« und erwähnen niemals ein »Wir«.

> BW1: aber wir sind trotzdem sehr dankbar, dass uns/ dass man uns/ also – [Lachen] ja nach Deutschland – gelassen hat – [Lachen]. – Besonders ist hier für die Kinder gut – und für die Rentner, die Leute, die hier eine Rente bekommen.

---

18 Siehe oben Seite 73f. für eine Diskussion dieses Begriffes.

Schluss

CW1: [...] Sie haben nicht erwartet oder können das nicht verstehen, ja, dass das tatsächlich so passiert ist/ Vorfahren Deutsche oder/ für sie sind hier die Russen ja. Sie versuchen eigentlich noch nachzuweisen, dass sie (die Russlanddeutschen) eigentlich deutschstämmig sind, ja, aber für viele ist das unverständlich, »Wieso kann es so sein?«

Von den Diskursen der Befragten sehen wir, dass sie sich als Deutsche verstehen. Ihr Diskurs weist aber auch stark darauf hin, dass sie die Gruppe der »Russlanddeutschen« als eine unabhängige verstehen; insofern sehen sie sich selbst als eine unterscheidbare Gruppe von den anderen Deutschen in Deutschland (den Deutschlanddeutschen), die sie als eine »sie«-Gruppe betrachten. Darüber hinaus demonstrieren sie wegen ihrer politischen Geschichte in Deutschland, aber besonders in der Sowjetunion, etwas vorsichtige Einstellungen zu ihrem Deutschsein. Ihr Verständnis von ihrer Identität als Deutsche wurde offensichtlich von ihren Alltagsgewohnheiten (Kochen, Feste, Religion, Häuser und vor allem die deutsche Sprache) in der Sowjetunion beeinflusst. Die politischen Benachteilungen der Russlanddeutschen in der Sowjetunion verstärkten diesen Nationalitätsdiskurs weiter; dies ist in ihrer Verwendung von »Wir« in ihren Beschreibungen von ihrer Zeit dort deutlich zu erkennen. Dieses »Wir« weist darauf hin, dass sie sich als eine unterschiedliche Gruppe zu anderen Nationalitäten in der Sowjetunion, nicht nur zu den Russen, sondern auch zu den Kasachen, Tataren usw. verstanden hatten. Auch in Deutschland ist ihr Verständnis von der »Wir«-Gruppe eine, die nur aus Deutschen besteht, die in der Sowjetunion aufgewachsen sind. Hier, auch wenn die Politik vielleicht weniger »böse« gewesen ist, stehen wieder politische, institutionelle und alltägliche Diskurse (die Traditionen) hinter ihren eigenen diskursiven Konstruktionen. Kurzum sind die Russlanddeutschen Deutsche, deren Vorfahren vor 240 Jahren nach Russland gezogen sind, die in der Sowjetunion aufgewachsen sind und später nach Deutschland migrierten – ihre eigenen Verständnisse ihrer heutigen Identität in Deutschland und ihre diskursive Konstruktion davon spiegeln alle diese Ereignisse wider und natürlich auch die damit verbundenen politischen und kulturellen Diskurse.

12 Literatur

Bücher

Adorno, Theodor W./ Frenkel-Brunswik, Else/ Levinson, Daniel J./ Sanford, R. Nevitt (1950) *The Authoritarian Personality*. New York: Harper

Anderson, Benedict (1986) *Imagined Communities. Reflections on the Origin and Spread of Nationalism*. London: Verso

Baumeister, Hans-Peter (Hrsg.) (1991) *Integration von Aussiedlern*. Weinheim: Deutscher Studien Verlag.

Berend, Nina/ Jedig, Hugo (1991) *Deutsche Mundarten in der Sowjetunion*. Marburg: N. G. Elwert Verlag.

Bialas, Wolfgang (Hrsg.) (2002) *Die nationale Identität der Deutschen: philosphische Imaginationen und historische Mentalitäten*. Frankfurt am Main: Peter Lang.

Froschauer, Ulrike, Lueger, Manfred (2003) *Das qualitative Interview*. Wien: Facultas Verlags- und Buchhandels AG.

House, Julianne (2003) *Politeness in Germany: politeness in Germany?* (unveröffentlichte Arbeit)

Koch, Stefan (2001) *Neue Nachbarn: Lebenswege von Ost nach West*. Der Beauftragte der Bundesregierung für Aussiedlerfragen.

Krueger, Richard, A. (1998a) *Analyzing & Reporting Focus Group Results*. London: Sage Publications.

Krueger, Richard, A. (1998b) *Developing Questions for Focus Groups*. London: Sage Publications.

Morgan, David, L. (1998) *Planning Focus Groups*. London: Sage Publications Ltd.

Nünning, Ansgar/ Nünning, Vera (1994) *Der Deutsche an sich: Einem Phantom auf der Spur*. München: Deutscher Taschenbuch-Verlag.

von Polenz, Peter (1988) *Deutsche Satzsemantik: Grundbegriffe des Zwischen-den-Zeilen-Lesens*. Berlin: Walter de Gruyter.

Schensul, Stephen/ Schensul, Jean/ leCompte, Margaret (1999) *Essential Ethnographic Methods: Observations and Questionnaires*. London: Sage Publications.

Schensul, Jean/ leCompte, Margaret/ Borgatti, Stephen/ Nastasi, Bonnie (1999) *Enhanced Ethnographic Methods: Audiovisual Techniques, Focused Group Interviews and Elicitation Techniques*. London: Sage Publications.

Scollon, Ron/ Wong-Scollon, Suzanne (2001) *Intercultural Communication: A Discourse Approach*. Oxford: Blackwell Publishing.

Schmid, Wilhelm (1993) *Was geht uns Deutschland an?* Frankfurt am Main: Suhrkamp.

Van Dijk, Teun (1985) *Handbook of Discourse Analysis: Discourse Analysis in Society v. 4* London: Academic Press

Wilson, John (1990) *Politically Speaking.* Oxford: Basil Blackwell.

Windelen, Heinrich (Hrsg.) (1983) *Deutsche Identität heute.* Stuttgart: Studienzentrum Weikersheim e.V.

Wodak, Ruth/ de Cillia, Rudolf/ Reisigl, Martin/ Liebhart, Karin/ Hofstätter, Klaus/ Kargl, Maria (1998) *Zur diskursiven Konstruktion nationaler Identität.* Frankfurt am Main: Suhrkamp

Wodak, Ruth/ de Cillia, Rudolf/ Reisigl, Martin/ Liebhart, Karin (1999) *The Discursive Construction of National Identity.* Edinburgh: Edinburgh University Press.

Artikel in Sammelwerken

Corina, Adela (2002) *Bürgerschaft aus der Sicht der Diskursethik: Patriotismus.* in: Burckhart, Holger/ Gronke, Horst (Hrsg.) *Philosophieren aus dem Diskurs: Beiträge zur Diskurspragmatik.* Würzburg: Verlag Königshausen & Neumann.

Galasinski, Dariusz/ Meinhof, Ulrike (2002) *Looking across the river: German-Polish border communities and the construction of the Other.* in: *Journal of Language and Politics* (Hrsg. Wodak, Ruth) Amsterdam: John Benjamins Publishing Company.

Quasthoff, Uta (1989) *Social Prejudice as a resource of power: towards the functional ambivalence of stereotypes.* in: *Language, Power and Ideology: Studies in political discourse.* (Hrsg. Wodak, Ruth) Amsterdam: John Benjamins Publishing Company

Saner, Hans. *Von den Gefahren der Identität für das Menschsein.* in: Benedetti, Gaetano/ Wiesmann, Louis (Hrsg.) (1986) *Ein Inuk sein. Interdisziplinäre Vorlesungen zum Problem der Identität.* Göttingen: Vandenhoek und Ruprecht.

Schmidt, Peter. *Nationale Identität, Nationalismus und Partiotismus in einer Panelstudie 1993, 1995 und 1996.* in: Meulemann, Heiner (Hrsg.) (1998) *Werte und nationale Identität im vereinten Deutschland. Erklärungsansätze der Umfrageforschung.* Opladen: Leske und Budrich.

Sornig, Karl (1989) *Some remarks on linguistic strategies of persuasion.* in: *Language, Power and Ideology: Studies in political discourse.* (Hrsg. Wodak, Ruth) Amsterdam: John Benjamins Publishing Company.

Stitzel, Michael (2002) *Wie schlecht ist der Mensch? Eine Kritik ökonomischer Welt- und Menschenbilder.* in: Burckhart, Holger/ Gronke, Horst (Hrsg.) *Philosophieren aus dem Diskurs: Beiträge zur Diskurspragmatik.* Würzburg: Verlag Königshausen & Neumann.

Van Dijk, Teun (1989) *Mediating Racism: The role of the media in the reproduction of racism.* in: *Language, Power and Ideology: Studies in political discourse.* (Hrsg. Wodak, Ruth) Amsterdam: John Benjamins Publishing Company.

Internet

Diäten: Altersversorgung für Politiker soll reformiert werden
http://www.stern.de/wirtschaft/versicherung/versicherungstipps/527555.html

Die häufigsten Fragen zur Agenda 2010.
http://www.bundesregierung.de/artikel,-498869/
Die-haeufigsten-Fragen-zur-Age.htm

Gesetze: A-Z
http://www.bundesregierung.de/Gesetze/
-,7214/Gesetze-A-Z.htm

Zusätzliche Rente für Ost-Abgeordnete
http://www.berlinonline.de/berliner-zeitung/archiv/.bin/
dump.fcgi/1995/0623/lokales/0059/

Filme

Danquart, Pepe (1990) *Schwarzfahrer*

Staudt, Tamara (2000) Essen *Svetlana*. Berlin: Neue Visionen Filmverleih

Klamt, Andrej (2003) *Wer bin ich?*

Viet, Hans-Erich (2001) *Milch und Honig aus Rotfront*. Köln: Schwerig & Viet-Filmproduktion

Zeitschriften

Aktion Gemeinsein e.V. (1994) *Die Geteilte Heimat: Neuanfang für die Deutschen im Osten oder Aussiedlung zu uns.* Bonn.

Information zur politischen Bildung (2000) *Aussiedler*. Bonn: Bundeszentrale für politische Bildung.

Landmannschaft der Deutschen aus Russland e.V. (kein Datum angegeben) *Deutsche in* Russland/UdSSR: Volk auf dem Weg. Stuttgart.

Landmannschaft der Deutschen aus Russland e.V. (1993) *Volk auf dem Weg: Deutsche in Russland und in der GUS 1763-1993.* Stuttgart.

Landmannschaft der Deutschen aus Russland e.V. (2002) *Zwischen den Kulturen: Russlanddeutsche gestern und heute.* Stuttgart.

Russische Akademie der Wissenschaften. (kein Datum angegeben) *Geschichte der Deutschen aus Russland.* St. Petersburg.

13 Anhang

BVFG § 4 Spätaussiedler

(1) Spätaussiedler ist in der Regel ein deutscher Volkszugehöriger, der die Republiken der ehemaligen Sowjetunion, Estland, Lettland oder Litauen nach dem 31. Dezember 1992 im Wege des Aufnahmeverfahrens verlassen und innerhalb von sechs Monaten im Geltungsbereich des Gesetzes seinen ständigen Aufenthalt genommen hat, wenn er zuvor

1. seit dem 8. Mai 1945 oder
2. nach seiner Vertreibung oder der Vertreibung eines Elternteils seit dem 31. März 1952 oder
3. seit seiner Geburt, wenn er vor dem 1. Januar 1993 geboren ist und von einer Person abstammt, die die Stichtagsvoraussetzung des 8. Mai 1945 nach Nummer 1 oder des 31. März 1952 nach Nummer 2 erfüllt, es sei denn, daß Eltern oder Voreltern ihren Wohnsitz erst nach dem 31. März 1952 in die Aussiedlungsgebiete verlegt haben, seinen Wohnsitz in den Aussiedlungsgebieten hatte.

(2) Spätaussiedler ist auch ein deutscher Volkszugehöriger aus den Aussiedlungsgebieten des § 1 Abs. 2 Nr. 3 außer den in Absatz 1 genannten Staaten, der die übrigen Voraussetzungen des Absatzes 1 erfüllt und glaubhaft macht, daß er am 31. Dezember 1992 oder danach Benachteiligungen oder Nachwir-

kungen früherer Benachteiligungen auf Grund deutscher Volkszugehörigkeit unterlag.

(3) Der Spätaussiedler ist Deutscher im Sinne des Artikels 116 Abs. 1 des Grundgesetzes. Sein nichtdeutscher Ehegatte, wenn die Ehe zum Zeitpunkt des Verlassens der Aussiedlungsgebiete mindestens drei Jahre bestanden hat, und seine Abkömmlinge erwerben diese Rechtsstellung mit der Aufnahme im Geltungsbereich des Gesetzes.

BVFG § 6 Volkszugehörigkeit

(1) Deutscher Volkszugehöriger im Sinne dieses Gesetzes ist, wer sich in seiner Heimat zum deutschen Volkstum bekannt hat, sofern dieses Bekenntnis durch bestimmte Merkmale wie Abstammung, Sprache, Erziehung, Kultur bestätigt wird.

(2) Wer nach dem 31. Dezember 1923 geboren worden ist, ist deutscher Volkszugehöriger, wenn er von einem deutschen Staatsangehörigen oder deutschen Volkszugehörigen abstammt und sich bis zum Verlassen der Aussiedlungsgebiete durch eine entsprechende Nationalitätenerklärung oder auf vergleichbare Weise nur zum deutschen Volkstum bekannt oder nach dem Recht des Herkunftsstaates zur deutschen Nationalität gehört hat. Das Bekenntnis zum deutschen Volkstum oder die rechtliche Zuordnung zur deutschen Nationalität muss bestätigt werden durch die familiäre Vermittlung der deutschen Sprache. Diese ist nur festgestellt, wenn jemand im Zeitpunkt der Aussiedlung aufgrund dieser Vermittlung zumindest ein einfaches Gespräch auf Deutsch führen kann. Ihre Feststellung entfällt, wenn die familiäre Vermittlung wegen der Verhältnisse in dem jeweiligen Aussiedlungsgebiet nicht möglich oder nicht zumutbar war. Ein Bekenntnis zum deutschen Volkstum wird unterstellt, wenn es unterblieben ist, weil es mit Gefahr für Leib und Leben oder schwerwiegenden be-

ruflichen oder wirtschaftlichen Nachteilen verbunden war, jedoch aufgrund der Gesamtumstände der Wille unzweifelhaft ist, der deutschen Volksgruppe und keiner anderen anzugehören.

BVFG § 7 Grundsatz

(1) Spätaussiedlern ist die Eingliederung in das berufliche, kulturelle und soziale Leben in der Bundesrepublik Deutschland zu erleichtern. Durch die Spätaussiedlung bedingte Nachteile sind zu mildern.

(2) Die §§ 8, 10 und 11 sind auf den Ehegatten und die Abkömmlinge des Spätaussiedlers, die die Voraussetzungen des § 4 Abs. 1 oder 2 nicht erfüllen, aber die Aussiedlungsgebiete im Wege des Aufnahmeverfahrens verlassen haben, entsprechend anzuwenden. § 5 gilt sinngemäß.

14 Stichwortverzeichnis

Akteure 9, 28, 109-111

Alltag 8, 10, 27, 53, 74, 82, 83, 109, 111, 114, 116, 117

Anderson 27, 91, 92

Ansiedlung in Russland 33

August 1941 37

Ausbildung 9, 15, 16, 19, 23, 30, 49-51, 57, 59, 60

Autonomiebewegung 35, 38, 39

Behörden 24, 44, 45, 48, 54-56, 59, 114

Bourdieu 28-30

Demokratie 9, 24, 61-63, 72, 112, 114

Deportation 37, 114

Diskurs 8-10, 13, 20, 22, 27, 28, 30, 31, 47, 57, 61, 63, 68, 75, 83, 95, 98, 104, 109-111, 116-118

Einstellungen 11, 15, 17, 24, 27-29, 33, 45, 49, 55, 64, 66, 73, 75, 101, 104, 112, 117

Erzählung von der Identität 28

Europa 23, 35, 37, 38, 71, 93, 94, 96, 104, 115

Faktoren (für die Auswahl der Befragten) 12, 13, 17, 19, 20, 109

Faschisten 9, 38, 41, 46, 47, 87, 111-114

Focus Groups 11

Fragestellung 8, 24-26, 83

Gerechtigkeit 66

Gesetze 12, 30, 31, 34-36, 40, 60, 62, 91, 98, 99, 114, 126

Habitus 28, 29

Identität 8-10, 13, 15-18, 20, 22, 24, 27-30, 73-75, 93-95, 100, 109-111, 113-117

Identitätsdistanz 94, 95

Imaginierte Gemeinschaften 9, 27, 91

Integration 7, 56, 57, 92

Stichwortverzeichnis

Kapitalismus 64

Kasachstan 14, 15, 35, 37, 38, 43, 51, 86

Kirche 23, 25, 34, 77, 79, 92, 93, 97

Kirgisien 37, 52, 62, 72, 76-78, 90, 96, 97

Kolonisten 7, 33-35, 51, 52, 92, 111

Kommunismus 63, 69

Krueger 11, 12, 22

Kultur 8, 10, 14, 15, 18, 19, 22, 23, 28, 31, 32, 42, 53, 74, 75, 77, 82, 84, 85, 87-90, 94-97, 101-103, 112, 113, 115, 118, 126, 127

Medien 9, 26-28, 50, 67, 68, 74, 109, 110, 113

Muttersprache 38, 41

Nationalität 9, 15, 18, 31, 38, 48, 49, 91, 95, 96, 100, 111-113, 115, 117, 126

Patriotismus 17, 24

Politik 9, 11, 14, 27, 28, 35, 36, 43, 46-50, 53-56, 61, 62, 66-71, 74, 76, 80, 86, 96, 98, 109-111, 114, 117

Reformen 62, 67, 68

Religion 33, 79, 92, 93, 117

Ricœur 73-75

Russisch 14, 19, 32, 35, 36, 42, 44, 58, 89, 101, 102, 113

Schule 24, 34, 36-39, 43, 44, 50, 51, 55, 57, 59-61

Schwarzfahrer 25

Sibirien 14, 15, 37-39, 47

Sowjetunion 7-10, 13-15, 17, 19, 22-24, 32, 36-39, 41, 44-46, 48, 50, 51, 53, 57, 63, 67, 69, 74, 79, 83, 86, 88-90, 100, 102, 103, 110, 111, 114, 116, 117, 125

Sozialstaat 65, 66, 71

Sprache 8, 18, 22, 36, 38, 41, 51, 57, 77, 79, 83, 93, 97, 110, 116, 117, 126

Stolz 10, 23, 24, 84, 85, 90, 91, 94-96, 100-103, 112, 113

Tradition 8, 10, 12, 19, 23, 30, 34, 77, 81, 88, 90, 92, 97, 101, 102, 114, 115, 118

Umsiedlung 34, 35

Weltbürger 24, 84, 106-108

Wiedergeburt 39, 90

Wilson 49

Wodak 9, 10, 20, 27-31, 73, 75, 78, 84, 91, 109-111

Wolgadeutsche 14, 32, 33, 35-39

Zweiter Weltkrieg 46, 55, 86, 87, 112, 114